MYTHEN & MONSTER

VON DRACHEN, HEXEN UND VAMPIREN

MYTHEN & MONSTER

VON DRACHEN, HEXEN UND VAMPIREN

Laura Buller

Fachliche Beratung
Philip Wilkinson

Dorling Kindersley

Dorling Kindersley

LONDON, NEW YORK, MÜNCHEN,
MELBOURNE, DELHI

Projektbetreuung Emma Johnson
Bildbetreuung James Marks
Lektorat Fran Jones
Bildredaktion Stefan Podhorodecki
Cheflektorat Linda Martin
Chefbildlektorat Jane Thomas
Bildrecherche Sarah Pownall
DK Bildarchiv Romaine Werblow
Herstellung Jenny Jacoby
DTP-Design Siu Yin Ho

Bibliografische Information Der Deutschen Bibliothek
Die Deutsche Bibliothek verzeichnet diese Publikation
in der Deutschen Nationalbibliografie;
detaillierte bibliografische Daten sind im Internet über
http://dnb.ddb.de abrufbar.

Titel der englischen Originalausgabe:
Megabites – Myths & Monsters

Übersetzung Wiebke Krabbe
Redaktion Carola von Kessel

ISBN 3-8310-0505-2

Reproduced by Colourscan, Singapore
Printed and bound by L.E.G.O., Italy

Besuchen Sie uns im Internet
www.dk.com

Hinweis für die Eltern

Der Verlag hat sich bemüht, möglichst aktuelle Webadressen zusammenzustellen. Allerdings ist das Internet ständigen Veränderungen unterworfen, sodass Homepages und Websites sowie Adressen nach einiger Zeit nicht mehr dem Stand bei Drucklegung entsprechen könnten. Beachten Sie bitte auch, dass Websites Texte und Bilder enthalten können, die für Kinder nicht geeignet sind, sowie Links zu für Kinder ungeeigneten Seiten. Daher kann der Verlag nicht die Verantwortung für die Websites Dritter oder deren Links übernehmen, und die aus ihnen sich ergebenden Konsequenzen. Ebenso wenig kann der Verlag garantieren, dass die in diesem Buch angegebenen Websites oder Links tatsächlich den hier gemachten Angaben entsprechen. Wir raten den Eltern dringend, dafür zu sorgen, dass ihre Kinder nur unter verantwortungsbewusster Aufsicht das Internet besuchen.

INHALT

EINLEITUNG

Stell dir vor, du schwenkst den schwachen Strahl der Taschenlampe durch eine düstere Ecke des Dachbodens oder hörst ein merkwürdiges Scharren, wenn du nachts die Treppe hinabschleichst, um ein Glas Wasser zu trinken. Lauert da etwas im Dunklen? Und könnte dieses Etwas ein Monster sein?

Vielleicht bist du noch nie einem Monster begegnet, vielleicht glaubst du, dass es so etwas gar nicht gibt – vielleicht suchst du aber auch an den falschen Orten. Vergiss die Standardplätze – nächtliche Friedhöfe, Keller, einsame Straßen, Dachböden – und schau mal in deiner Fantasie nach. Denn genau da lauern diese Ungeheuer.

Vor Monstern kann man nicht weglaufen. Das klingt bedrohlich, ist aber wahr. Sie leben in unserer Vorstellung und gehören schon seit vielen Generationen zum Leben der Menschen. Jede Kultur hat ihre eigenen Monster. Fantastische Mythen und Legenden erzählen von den erstaunlichsten Wesen, die du dir vorstellen kannst.

Wenn du all die Monster in diesem Buch kennen gelernt hast, wirst du vielleicht neugierig und

NACHTS FLATTERN FLEDERMÄUSE UM FINSTERE GEMÄUER – EINE GUTE ZEIT, UM MONSTERN ZU BEGEGNEN.

möchtest die Sagen von Göttern, Helden und anderen großartigen Männern und Frauen lesen, die solche Ungeheuer bekämpft haben. Ihre Geschichten begeistern die Menschen seit vielen Generationen – da müssen sie einfach gut sein.

All die Ungeheuerlichkeiten der Mythologie passen nicht in dieses Buch. Für alle, die sich näher mit dem Thema beschäftigen möchten, sind die Web-Tipps und die Hinweise auf den Seiten 85–93 gedacht. Dort findest du weitere Internetadressen und spannende Informationen.

Aber zuerst schau unter dem Bett nach, setz dich mit dem Rücken an die Wand, schalte ausreichend Licht an und lies weiter.

DR. FRANKENSTEINS GESCHÖPF IST EIN KLASSISCHES MONSTER. KOPF UND KÖRPER SIND ÜBERGROSS – DER KERL IST EINFACH FURCHT ERREGEND.

ÜBERALL MONSTER

Seit Urzeiten fürchten Menschen sich vor Monstern – vor allem nachts. Viele Geschichten handeln von grausigen Bestien, die durch unsere Träume streifen und an die wir manchmal auch tags denken. Solche Geschichten gibt es in allen Kulturen. Früher dienten sie dazu, Katastrophen zu erklären oder die guten und zerstörerischen Kräfte der Götter zu veranschaulichen.

Fürchtet euch doch! Wenn du auf einen finsteren Dachboden oder in eine düstere Höhle spähst, kannst du dir leicht vorstellen, dass dort etwas Unheimliches lauert. Aber in Büchern (und Filmen) kann man Monster aus dem sicheren, bequemen Sessel kennen lernen. Ob gut oder böse, schuppig oder schleimig, klein oder groß: Es sind immer seltsame Wesen mit besonderen Mächten, die wir dem Reich der Monster zuordnen.

EIN BILD AUS DEM FILM *GREMLINS* (1984): DIESEN FIESLINGEN, DIE KAUM GRÖSSER ALS EINE COLAFLASCHE SIND, MÖCHTE MAN NICHT IM DUNKELN BEGEGNEN.

WEB-TIPP
www.mythentor.de

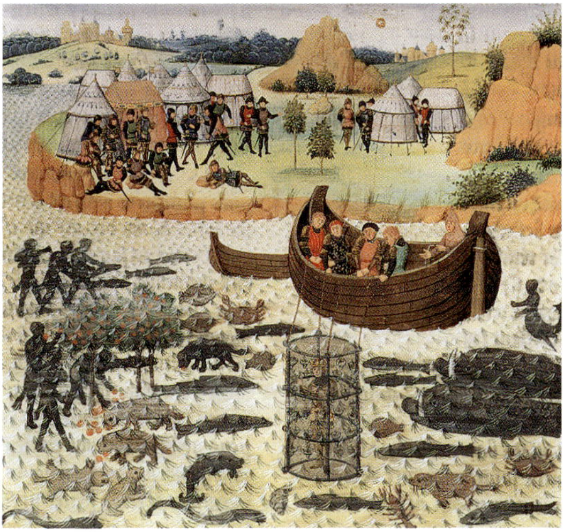

EINE LEGENDE ERZÄHLT, DASS ALEXANDER DER GROSSE (KÖNIG VON MAZEDONIEN) ETWA 325 V.CHR. IN EINER GLASGLOCKE DAS MEER ERFORSCHTE UND DABEI SEEUNGEHEUER SAH.

Menschen brauchen Monster
Vielleicht glaubst du nicht mehr an Monster. Du siehst nicht mehr unter dem Bett nach, ob sich da ein Ungeheuer versteckt. In der Schule hast du wahrscheinlich gelernt, dass es für alle Ereignisse in der Natur eine Erklärung gibt. Aber warum gibt es dann so viele Geschichten über Monster – und zwar in fast allen Ländern der Erde?

Um zu verstehen, warum die Menschen Monster erfunden haben, muss man weit zurück blicken – in eine Zeit, in der vieles noch nicht bekannt war, in der es kein Fernsehen, Kino und Internet gab. Nicht einmal Bücher und Schulen kannten die Menschen in dieser Zeit, lange bevor deine Großeltern geboren wurden. Genau: Es geht um uralte Geschichte.

VIELE GÖTTER HABEN BLITZ UND DONNER ALS WAFFEN EINGESETZT.

MEGAINTERESSANT
DAS ÄLTESTE BEKANNTE BESTIARIUM – EINE SAMMLUNG VON GESCHICHTEN ÜBER MONSTER UND FABELWESEN – WURDE VOR MEHR ALS TAUSEND JAHREN GESCHRIEBEN.

Die Natur erklären

Vor langer Zeit hatten die Menschen viele Fragen zu ihrer Welt, aber nur wenige Antworten. Sie sahen sich beispielsweise den Gewitterhimmel an und konnten sich nicht erklären, wie Blitz und Donner entstanden. In dieser Zeit weit vor der Entstehung der Wissenschaften kam irgendein kluger Kopf auf Antworten, die den damaligen Menschen einleuchteten. Der Blitz war ein Feuerstoß aus dem Rachen eines Drachen und der Donner entstand durch den heftigen Flügelschlag des Untieres. Ein Erd-

IN DEN HEILUNGSRITUALEN DER IROKESEN NIMMT DER TRÄGER EINER SOLCHEN MASKE DAS WESEN EINES GEISTES AUS DER MYTHOLOGIE AN.

beben konnte nur durch ein Riesenwesen verursacht werden, das vorbeistampfte. Und eine Flutwelle entstand zweifellos, indem eine wütende Seeschlange mit dem Schwanz schlug.

Dunkle Ängste

Die Vorstellung von Monstern half den Menschen auch den Tod zu verstehen. Im Altertum glaubten viele Menschen, dass der Tod durch den Angriff von Ungeheuern und anderen Fabelwesen gebracht wurde. Natürlich hatten auch die Menschen damals Angst vor plötzlichen Krankheiten, vor dem Tod und vor dem, was danach auf sie wartete. Indem sie Monstern die Schuld gaben, konnten sie besser mit ihren Ängsten umgehen.

Monster und Mythen

Die Geschichten, die sich die Menschen damals über solche Wesen erzählten, nennen wir heute Mythen (von dem griechischen Wort *mythos*: „Geschichte" oder „Legende"). Weil jeder gern spannende Geschichten mag, wurden diese Mythen immer weitererzählt und auch in der Kunst, im Tanz, in Zeremonien, Gedichten und Liedern aufgegriffen.

DIESE AFRIKANISCHE FIGUR IST EIN FETISCH, EIN GEGENSTAND, DER MAGISCHE KRÄFTE HABEN UND DIE MENSCHEN VOR BÖSEM BESCHÜTZEN SOLL.

Jede Kultur entwickelte ihre eigenen Mythen. Es waren Geschichten, die das Entstehen der Welt, das Leben und den Tod erklärten und die von Göttern und Göttinnen, tapferen Helden, finsteren Bösewichten und vielköpfigen Ungeheuern erzählten. Kein Wunder, dass gute Märchen und Monstergeschichten auch heute noch beliebt sind!

Im Altertum gab es kaum Kontakt zwischen den verschiedenen Kulturen, denn Flugreisen konnten damals nur Vögel unternehmen. Trotzdem sind die Mythen vieler Völker erstaunlich ähnlich. Es gibt nahezu identische Themen und Handlungen, selbst die Figuren wiederholen sich, haben allerdings verschiedene Namen. Die alten Ägypter glaubten ebenso wie die Menschen in Westafrika an einen Schöpfer, der die Menschen aus Lehm geformt hat. Japaner und Hindus erzählen, dass die Erde nach einem Seebeben aus dem Meer aufgetaucht ist. In den Mythen vieler Kulturen kommen Schlangen, Riesen und Drachen vor.

DER GRIECHISCHE HELD HERAKLES KÄMPFT MIT DER HYDRA, EINEM VIELKÖPFIGEN UNGEHEUER. MIT DEM BLUT DES MONSTERS VERGIFTETE HERAKLES SEINE PFEILSPITZEN.

EINE DER 12 PRÜFUNGEN DES HERAKLES BESTAND DARIN, DIE HYDRA ZU TÖTEN.

MEGAINTERESSANT

DIE MYTHOLOGISCHEN WESEN LEBTEN AN ORTEN, DIE FÜR MENSCHEN NICHT ERREICHBAR WAREN: AUF HOHEN BERGGIPFELN, IN VULKANKRATERN, UNTERWASSERWELTEN, UNTERIRDISCHEN LABYRINTHEN ODER IM HIMMEL.

Die Macht der Mythen

Die Mythen waren eng mit den Religionen der Völker verknüpft und deshalb auch viel wichtiger als andere Geschichten. Volksmärchen fand man vielleicht spannend, die Mythen dagegen hielt man für wahr – und genau aus diesem Grund hatten die Mythen so große Bedeutung.

Wort, Bild und Kunst

Überall in der Welt haben die Menschen ihre Mythen am Leben erhalten, indem sie sie aufgeschrieben haben. Darum kennen wir diese Überlieferungen noch heute. Mythen wurden auf verschiedene Weise weitergegeben. Die amerikanischen Ureinwohner schrieben sie auf Tierhäute. Die Ägypter malten sie in Bilderschrift (Hieroglyphen) auf die Wände der Grabkammern. Griechen und Römer schrieben sie auf Ton-

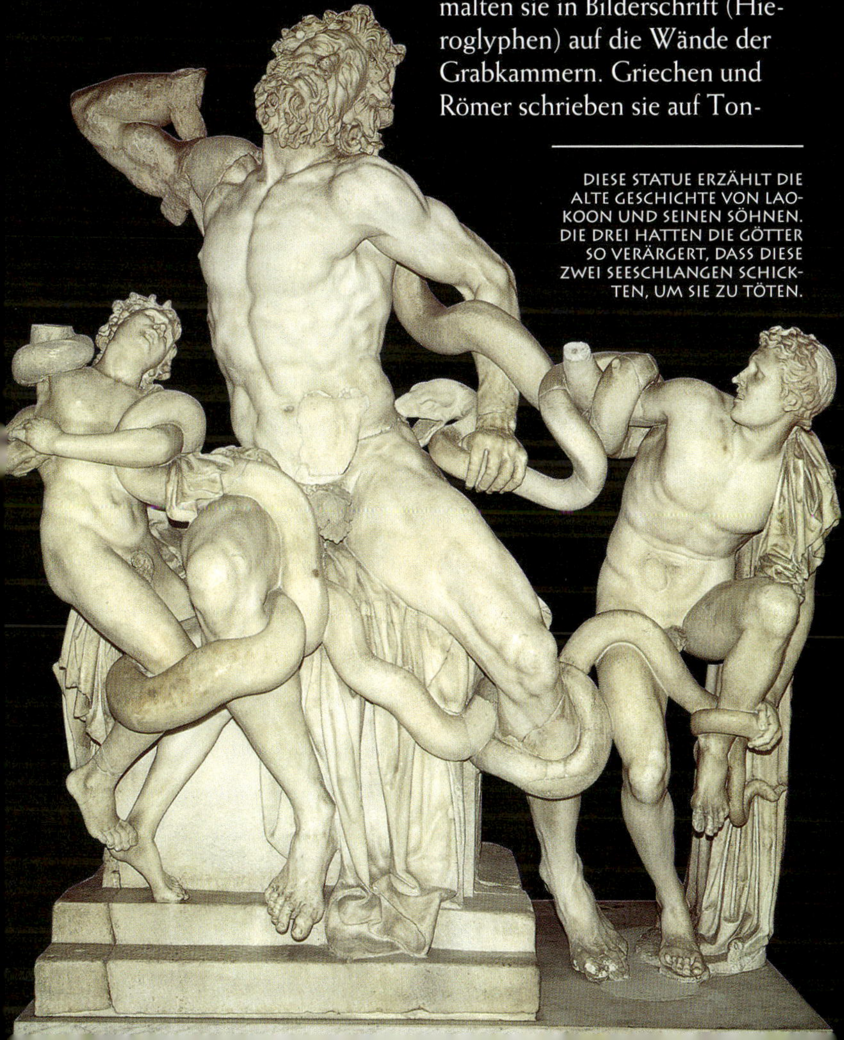

DIESE STATUE ERZÄHLT DIE ALTE GESCHICHTE VON LAOKOON UND SEINEN SÖHNEN. DIE DREI HATTEN DIE GÖTTER SO VERÄRGERT, DASS DIESE ZWEI SEESCHLANGEN SCHICKTEN, UM SIE ZU TÖTEN.

tafeln. Die Afrikaner schnitzten mythologische Figuren aus Holz, die Südamerikaner webten sie in Stoffe ein. Im Mittelalter begannen die Menschen in England, Skandinavien und Deutschland ihre Mythen in Büchern aufzuschreiben.

Immer neue Monster

Im Lauf der letzten Jahrhunderte haben die Forscher die Ursachen für Blitz und Donner, Wirbelstürme und Flutwellen herausgefunden. Und trotzdem entstanden immer neue Geschichten über Monster – Blut saugende Vampire, Wesen aus düsteren Sümpfen, behaarte

HALB MENSCH, HALB FISCH: DER STAR DES HORRORFILMS *DER SCHRECKEN VOM AMAZONAS* AUS DEM JAHRE 1954.

Mischwesen aus Mensch und Tier, Furcht erregende Hexen. Überall findet man Monster: in Filmen und Videospielen, in Corn-Flakes-Paketen und Schokoladeneiern. Es scheint, als ob wir auch heute noch Ungeheuer brauchen, vielleicht sogar aus den gleichen Gründen wie früher: um das Unbekannte zu erklären. Und mal ganz ehrlich: Manchmal gruseln wir uns auch ganz gern, oder?

VERKEHRTE WELT: IN DEM FILM *DIE MONSTER AG* FÜRCHTEN SICH DIE UNGEHEUER VOR DEN KINDERN.

FEURIGE DRACHEN

Drachen stellen wir uns als Feuer speiende, geflügelte Wesen mit schuppigen Körpern und mächtigen Pfeilschwänzen vor. Ihr Name entwickelte sich aus dem griechischen Wort *drakon*, das „riesige Schlange" bedeutet. In der Mythologie stehen Drachen oft für das Böse. Sie sind aber auch nützlich, denn wer einen Drachen besiegt, kann sich als echter Held feiern lassen.

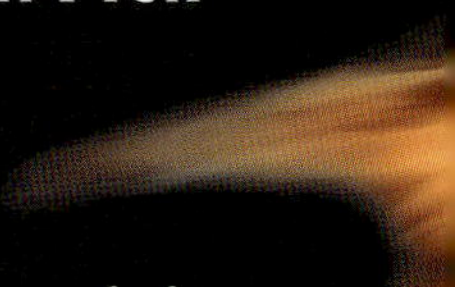

Drachen-Vielfalt

Im Lauf der Jahrhunderte hatten Drachen vielerlei Gestalt. Manche – aber nicht alle – hatten Fledermausflügel. Einige hatten mächtige Beine, andere gar keine. Es gab Drachen, die Feuer spien oder einen eisigen Atem hatten, und manche Arten waren sogar mit mehreren Köpfen ausgestattet. Auch ihre Behausungen waren ganz unterschiedlich. Manche wohnten in Berghöhlen, andere in Sümpfen. Meist galten Drachen als gefährlich, aber in einigen Kulturen waren sie auch ganz freundlich.

IN DER CHINESISCHEN MYTHOLOGIE GELTEN DRACHEN ALS GLÜCKSBRINGER.

MEGAINTERESSANT

DIE GRIECHISCHE MYTHOLOGIE ERKLÄRT DIE ENTSTEHUNG DES STERNBILDES DRACO: EINE GÖTTIN SCHLEUDERTE EINEN DRACHEN IN DEN HIMMEL, WO ER SICH IN DEN STERNEN VERFING.

Der erste Auftritt

Zum ersten Mal tauchten Drachen wahrscheinlich in der mythologischen Schöpfungs-

DER FEUER-
ATEM EINES
DRACHEN
HATTE SO
VIEL KRAFT
WIE EIN
MODERNER
FLAMMEN-
WERFER.

geschichte von Mesopotamien auf. Eine 4000 Jahre alte Geschichte erzählt, dass zu Beginn aller Zeiten der Süßwassergott Apsu ein schreck-

MARDUK, DER MESOPOTAMISCHE DRACHENTÖTER, BESIEGT DEN DRACHEN TIAMAT UND

liches Drachenweibchen namens Tiamat heiratete. Sie brachte eine Reihe scheußlicher Monster zur Welt, die ihren Vater und die anderen Götter terrorisierten. Schließlich reichte es den Göttern und sie überzeugten Marduk, den einzigen freundlichen Sohn, seine Mutter und ihre grässlichen Nachkommen zum Kampf herauszufordern. Als Marduk seine Mutter in zwei Teile riss, wurde aus dem einen die Erde und aus dem anderen der Himmel. Aus dem Blut seiner besiegten Geschwister entstanden die Menschen.

In vielen frühen Kulturen hatten die Drachen einen guten Ruf. Sie galten als Symbole der Macht und als Beschützer. Die Ägypter malten Drachenbilder als Schutzsymbole auf Pyrami-

den und Paläste. Sie waren so etwas Ähnliches wie heute Schilder mit der Aufschrift „Vorsicht – bissiger Hund".

IN DER MYTHOLOGIE DER SKANDINAVIER WAR DER DRACHE EIN BÖSES WESEN, DAS DIE TOTEN FRASS UND AM BAUM DES LEBENS NAGTE. DIES IST EIN SCHMUCKSTÜCK DER WIKINGER.

Symbol des Kaisers

Im alten China wurden Drachen hoch geschätzt. Die Menschen liebten und respektierten sie und die Herrscher wählten den Drachen als Symbol der kaiserlichen Macht. Nannte man den Kaiser des alten China „Drachenkopf", so war das ein Kompliment. Chinesische Mythen erzählen von flügellosen Drachen, die weise und freundlich waren und über Regen, Flüsse, Seen und Meere herrschten. Besonders für die Bauern waren sie von großer Bedeutung. Noch heute gelten Drachen in China als Glücksbringer und bei den Neujahrsfeiern tragen viele Menschen lange, kunterbunte Drachen durch die Straßen, um böse Geister zu vertreiben.

Gute und böse Drachen

In der Mythologie anderer Kulturen hielten die Drachen das Böse keineswegs fern, weil sie

DER DRACHENTANZ IST DER HÖHEPUNKT DES CHINESISCHEN NEUJAHRSFESTES. MANCHE DRACHENFIGUREN AUS SEIDE, BAMBUS UND PAPIER SIND ÜBER 30 M LANG.

DER DRACHE MIT DEM FEUERATEM, DEN GLÜHEND ROTEN AUGEN UND DEN GEFÄHRLICH SPITZEN ZÄHNEN GEHÖRT ZU DEN BEKANNTESTEN WESEN DER MONSTERWELT.

nämlich selbst unglaublich böse waren. Wie ist das zu erklären? Ganz einfach: Die Menschen brauchten Helden und Helden müssen Heldentaten vollbringen – beispielsweise einen gefährlichen Drachen erlegen. Und wenn der Drache einen ungeheuer wertvollen Schatz bewachte, dann kassierte der Held reichlich Bonuspunkte.

Solche Drachengeschichten entstanden überall auf der Welt. In der germanischen Mythologie besiegte ein Held namens Siegfried den Drachen Fafnir, der zufällig auf einem großen Schatz hockte. Siegfried badete in dem Blut des toten Drachen und wurde dadurch fast unverwundbar. Allerdings hatte er danach ein weiteres Bad nötig.

DIESER DRACHENTÖTER-HELM IST EIN FUND VON EINEM SCHIFFSBEGRÄBNIS IM 7. JAHRHUNDERT IM ENGLISCHEN SUFFOLK.

Apollo war der Superheld der griechischen Mythologie. Mit

Pfeil und Bogen tötete er den schrecklichen Drachen Python, ein schlangenartiges Ungeheuer, das sein ganzes Land terrorisiert hatte.

Beowulf, der Tapfere

Eine der spannendsten Drachengeschichten entstand im 8. Jahrhundert in England und ist nach ihrem Helden Beowulf benannt.

Dieser Beowulf, ein adliger Krieger aus Nordeuropa, hatte in seiner Jugend drei grässliche Ungeheuer erlegt. Als alter Mann stand er noch einmal einem scheußlichen, Feuer speienden Drachen gegenüber, der einen wertvollen Schatz bewachte. Mit seinem Feueratem brannte der Drache alle Bauernhöfe und Dörfer in der Umgebung nieder.

Nach einem schweren Kampf konnte Beowulf schließlich sein Schwert ins Maul des Drachen schleudern und ihn so tödlich verletzen. Als er aber versuchte, das Schwert wieder herauszuziehen, tropfte giftiger Speichel aus dem Drachenmaul und tötete den mutigen Beowulf.

Edle Ritter

Geschichten über mutige Drachentöter waren vor allem im Mittelalter (etwa zwischen 500 und 1500 n. Chr.) sehr

AUF DIESEM GEMÄLDE VON PAOLO UCCELLO (1397–1475) STICHT DER MUTIGE ST. GEORG DEM BÖSEN DRACHEN SEINE LANZE GENAU ZWISCHEN DIE AUGEN.

EIGENARTIGE WASSERSPEIER KAUERN AUF DEN DÄCHERN ALTER GEBÄUDE UND BEÄUGEN DIE WELT AUS DER HÖHE.

WASSERSPEIER SIND MEIST SELTSAME TIER- ODER VOGELGESTALTEN.

beliebt. Damals ging es aber nicht nur um Heldentum und Schätze. Mancher verwegene Ritter legte sich auch mit einem Drachen an, um das Herz seiner Liebsten zu gewinnen. Eine der berühmtesten Legenden handelt von Sankt Georg, einem römischen Soldaten, der zum christlichen Glauben übergetreten war. Georg eilte einer Stadt zu Hilfe, in der ein übler Drache Häuser und Bauernhöfe zerstörte. Der König beschloss seine eigene Tochter zu opfern, um den Drachen zu besänftigen. Da ritt Georg auf einem weißen Pferd herbei, tötete den Drachen und rettete so die Prinzessin. Dadurch wurde Georg zum Schutzheiligen von England.

Drachen auf dem Dach

In Frankreich erzählte man im Mittelalter von Gargouille, einem Drachen, der statt Feuer Wasser spie. Ein Bischof raubte dem Drachen mithilfe des Kreuzes seine Macht. Von da an setzte man auf die Dächer von Kathedralen und anderen Gebäuden drachenartige Steinfiguren als Schutzsymbole. Meist sind sie mit den Dachrinnen verbunden, sodass bei Regen das Wasser aus ihren Mäulern fließt.

Moderne Drachen

Offenbar haben die edlen Ritter nicht alle Drachen besiegt, denn sie tauchen auch heute noch auf. Vor allem in Horror- und Zeichentrickfilmen spielen sie eine große Rolle. Ihr Urgroßvater ist Godzilla, das riesige und nahezu unbesiegbare Drachenmonster, das regelmäßig in Japan auftaucht und alles zerstört, was ihm in die Quere kommt.

Wer Harry Potter kennt, weiß einiges über die Aufzucht von Drachen. Und das Spiel „Dungeons & Dragons" gehört zu den erfolgreichsten Rollenspielen der Welt.

Quicklebendig

Forscher haben sogar einen echten Drachen entdeckt – wenigstens beinahe. 1912 kehrte ein Pilot von der Vulkaninsel Komodo in Indonesien zurück und schwor dort Drachen gesehen zu haben. Er behauptete, sie hätten Ziegen und Schweine verschlungen. Daraufhin begann eine echte Drachenjagd. 1926 wurden zwei lebende Komodo-Warane in den Zoo von New York gebracht und sorgten für Aufsehen. Heute kann man die empfindlichen Echsen in Zoos überall auf der Welt sehen.

WEB-TIPP
www.drachenburg.de

DER KOMODO-WARAN IST DIE GRÖSSTE ECHSE DER WELT. DAS SCHEUE RAUBTIER KÖNNTE EINEN MENSCHEN VERSCHLINGEN.

SCHLANGEN UND SEEUNGEHEUER

Schleimige, schuppige, glitschige Seeungeheuer schlängeln sich durch die Mythologien fast aller Kulturen. Tauchen wir ab in die Welt der Schlangen und Saurier. Lernen wir die Ungeheuer der Flüsse, Seen und Meere kennen.

Nass und grässlich
Die meisten mythologischen Monster des Wassers gehören entweder dem Typ Schlange oder dem Typ Drache an. Die Schlangen sind normalerweise Wesen mit langen, glitschigen Körpern, die durchaus eine oder zwei Schiffslängen messen können. Sie hausen zwar im Meer, aber ein Ausflug an den Strand oder darüber hinaus liegt noch in ihrer Reichweite. Die meisten Seeschlangen haben eine dunkle, schuppige Haut, mit der sie in den Wellen gut getarnt sind. Ihr Kopf ist stumpf und abgeflacht – sehr praktisch, um

DIESER ALTE STICH ZEIGT EIN SEGELSCHIFF IM MÖRDERISCHEN GRIFF EINES ÜBERLEBENSGROSSEN RIESENKRAKEN.

zum Mittagessen ein Boot mit ein paar Seeleuten zum Kentern zu bringen.

Manche Seeschlangen haben spitze Hörner, triefende Bärte, riesige Nasenlöcher oder Mäuler mit mörderischen Zähnen. Gesichter eben, die nur ihre eigenen Mütter lieben können.

Die meisten seegängigen Monster bewegen sich mit Flossen oder Füßen vorwärts. Einige schlagen auch mit einem gewaltigen Schwanz oder mächtigen Fangarmen, um vorwärts zu kommen. Meist gleiten sie mithilfe von Auf- und Abbewegungen durch das Wasser. Manchmal sind dabei

DER RIESENKRAKE IST EINES DER GRÖSSTEN MEERESTIERE. ER HAT SEELEUTE DAS FÜRCHTEN GELEHRT UND STOFF FÜR GRUSELGESCHICHTEN GELIEFERT.

SEELEUTE HATTEN GROSSE ANGST, NACH EINEM SCHIFFSUNGLÜCK VON EINER SEESCHLANGE VERSCHLUNGEN ZU WERDEN.

Teile ihres Körpers an der Wasseroberfläche zu sehen.

Unterwasser-Saurier

Der zweite Typ von Wassermonstern ist mit einem ausgestorbenen Reptil verwandt, dem Plesiosaurus. Der Name kommt aus dem Griechischen und bedeutet „Echse". Die typischen Saurier der Mythologie erinnern an übergroße Seepferdchen. Sie haben einen rundlichen Körper, einen langen Schwanz und einen gebogenen Hals mit pferdeähnlichem Kopf. Fast alle Wassersaurier haben Flossen und auf vielen Abbildungen sind ihre Köpfe mit stumpfen, kurzen Hörnern versehen.

Die meisten Wassersaurier leben in großen, tiefen Seen und tauchen nur ab und zu auf, um Luft zu schnappen. Wahrscheinlich kann man sie riechen, ehe man sie sieht. An ihren Körpern klebt nämlich Schlamm vom Teichgrund, der mit faulenden, stinkenden Resten von Pflanzen und Tieren durchsetzt ist.

Megainteressant

Laut Legende stinkt der Atem des Monsters im amerikanischen Alkali-See so stark, dass er einen Menschen töten kann. Falls man doch überlebt, sorgt der Anblick des Ungeheuers dafür, dass man weisshaarig und verrückt wird.

WEB-TIPP
www.weichtiere.at/Kopffuesser/legenden.html

Schrecken der Meere

Bei genauerem Hinsehen erkennt man, dass die legendären Seeschlangen tatsächlich wenig liebenswert waren. Alte hebräische Legenden erzählen von einer grausigen Seeschlange namens Leviathan, die unglaublichen Schrecken verbreitete. Das Monster war so groß, dass das Meer zu kochen begann, wenn es auftauchte. Selbst die schärfsten Speere und Harpunen konnten seine zähe Haut nicht durchdringen, prallten ab und plumpsten einfach ins Meer. Zu allem Überfluss quoll aus den Nasenlöchern Rauch und aus seinem Maul schlugen Flammen.

Böse Biester

Wer sich mit der Hydra anlegen wollte, brauchte einen klaren Kopf. Das Schlangenwesen aus der griechischen Mythologie hatte nicht nur einen stinkenden Atem, der das Wasser ringsum vergiftete, sondern auch noch viele Köpfe. Mindestens sieben waren es, doch wenn der Hydra einer abgeschlagen wurde, wuchsen dort zwei neue nach. Der griechische Held Herakles besiegte das Monster, indem er die Köpfe abschlug und die Stümpfe sofort anzündete, ehe neue Köpfe sprießen konnten. Ebenso mag sich ein tapferer Held bei dem nordischen Drachen Nidhögg Siegchancen ausgerechnet haben – jedenfalls bis ihm klar wurde, dass der Name „Leichenzerreißer" bedeutet. Das Ungeheuer nagte nicht nur den Baum des Lebens an, es verschlang auch regelmäßig die Bewohner von Niflheim, dem Totenreich.

DIE SKULPTUR ZEIGT, WIE HERAKLES DIE HYDRA MIT DEM SCHWERT UND BRENNENDEN PFEILEN BESIEGT. ER SCHLUG IHR DIE VIELEN KÖPFE EINZELN AB.

DIESER HOLZSCHNITT ZEIGT DEN GOTT THOR, DER MIT SEINEM MAGISCHEN HAMMER EINE SEESCHLANGE TÖTET.

Der Lambton-Wurm

In England erzählt man die Legende von einem grausigen schwarzen Lindwurm. Das ist der berühmte Lambton-Wurm, den ein unglücklicher Fischer versehentlich aus dem Fluss Wear zog. Der Wurm sah aus wie eine merkwürdige, schwarze Schlange. Aus seinen Poren quoll klebriger Schleim. Auf dem Heimweg warf der erschrockene Fischer das Wesen in einen Brunnen. Kurz darauf begann der Brunnen sonderbar zu riechen. Die Dorfbewohner entdeckten die schleimigen Spuren des Monsters, die zum Fluss führten.

Bald verschlang der Lindwurm ein ganzes Schaf mit einem Bissen und riss mit seinen scharfen Zähnen einer Kuh das Euter auf, um an die Milch zu gelangen. Wer ihm zu nahe kam, wurde zerfetzt. Die Dörfler ließen das Ungeheuer in Ruhe, doch es musste etwas geschehen. Der Fischer, der inzwischen zum Ritter geworden war, hatte die rettende Idee. Er ließ sich eine Rüstung mit messerscharfen Zacken schmieden. Als der Wurm ihn packen wollte, verletzte er sich selbst an der Rüstung. Dadurch wurde er so schwach, dass der Held ihn mit einem Schlag auf den Kopf erledigen konnte.

Glitschige Saurier

Die Monster der Mythologie fühlten sich offenbar in Meeresnähe wohl. Aber auch Seen waren vor allem bei Sauriern beliebt. Seit die amerikanischen Ureinwohner die Ufer des Lake Champlain (an der Grenze zwischen Neuengland und Kanada) besiedeln, gibt es Geschichten über ein Monster mit dem Spitznamen Champ. Es soll ein riesiges Wesen mit grauer Haut, einem Buckel auf dem Rücken und grün leuchtenden Augen sein. Im 19. Jahrhundert gaben die Farmer gerne Champ die Schuld, wenn ihnen Vieh fehlte. Heute hält man das Monster aber für harmlos.

Nessie

Das bekannteste aller Wassermonster wohnt im Loch Ness in Schottland. Allein der See im schottischen Hochland ist bemerkenswert. Mit 32 km Länge und bis zu 2,4 km Breite ist er Großbritanniens größter Binnensee. Das Wasser ist dunkel und kalt und es gibt gefährliche Strömungen. Der See ist das ideale Versteck für ein Ungeheuer. Schon im 6. Jahrhundert schrieb jemand eine Geschichte über die Rettung eines unglücklichen Menschen aus den Fängen des Ungeheuers auf. Und immer wieder munkelten die Leute, dass in dem düsteren See etwas Hungriges lauerte. Nachdem eine Straße um den See gebaut wurde, nahmen die Berichte von Monster-Sichtungen zu.

Das Ungeheuer mit dem Spitznamen Nessie soll etwa 9 m lang sein, einen langen Hals

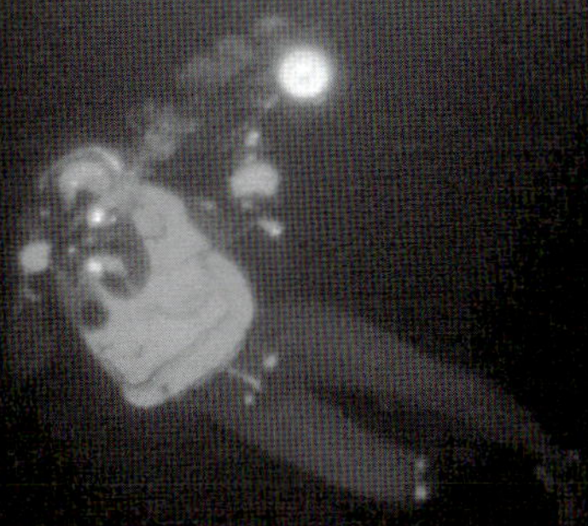

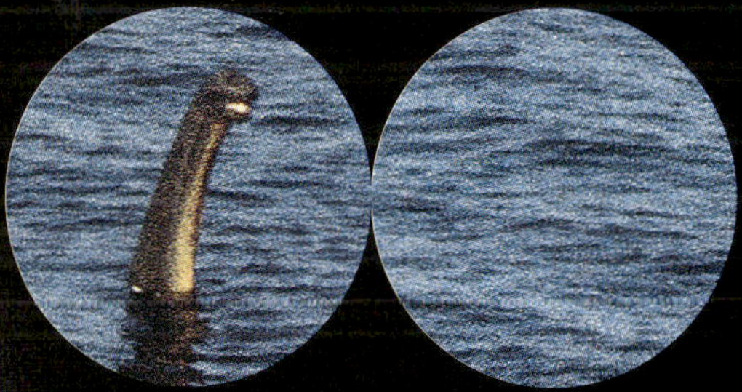

DER BLICK DURCH EINE FERNGESTEUERTE UNTERWASSERKAMERA. RECHTS DIE GEFÄLSCHTEN FOTOS VON NESSIE.

und einen Buckel haben. Erst kürzlich wurden Fotos von Nessie veröffentlicht. Es stellte sich zwar heraus, dass es Fälschungen waren, doch die Neugier der Menschen ist ungebrochen. Forscher haben den See mit Sonargeräten, Unterwasserkameras und einem U-Boot durchsucht, aber ohne Erfolg: Nessie ist publikumsscheu.

FLIEGENDE MONSTER

Ob gigantische Adler oder monströse Eulen, Riesenfledermäuse oder übernatürliche Bienen: In Mythen und Legenden schwirrt es am Himmel nur so von unglaublichen Wesen. Manche bringen schlechte Nachrichten oder sind Todesboten der Götter, andere stehen für die Macht der Natur. Es ist nicht verwunderlich, dass diese Gestalten in der Mythologie so große Bedeutung haben. Immerhin war das Fliegen für die Menschen schon immer äußerst faszinierend.

Fleisch fressende Vögel
Seltsame Geschichten von Riesenvögeln erzählt man sich überall auf der Welt. Arabische Legenden kennen den Vogel Roc, der Elefanten besonders gern mochte. Er packte sie mit seinen scharfen Krallen und schleppte sie in sein Nest. Zum Nachtisch fraß er das Fleisch der Toten auf den Schlachtfeldern. Kein Wunder also, dass Roc als Vorbote schrecklicher Ereignisse betrachtet wurde. Wer den Vogel am Himmel sah, musste mit einem Krieg oder einer Missernte rechnen.

IN DER MYTHOLOGIE GELTEN MANCHE VOGELFEDERN ALS BÖSES OMEN.

DIE AMERIKANISCHEN UREINWOHNER SCHNITZTEN AUS HOLZ ABBILDER DES BEDROHLICHEN DONNERVOGELS.

DER LEGENDÄRE VOGEL ROC SCHLÄGT SEINE GEWALTIGEN KRALLEN IN EINEN ELEFANTEN UND SCHLEPPT IHN DAVON.

Donnervogel und Große Eule

An der nordwestlichen Pazifikküste und den Großen Seen Nordamerikas erzählten sich die Ureinwohner vom Donnervogel. Die Federn dieses Wesens waren so groß wie Kanupaddel und die Krallen so lang wie ein Menschenarm. Jeder Schlag seiner mächtigen Flügel verursachte Donnergrollen und Windböen in Sturmstärke. Meist wird der Donnervogel als Menschen fressendes Ungeheuer dargestellt. Es gibt aber auch Geschichten, in denen er freundlich und hilfsbereit erscheint. So soll er beispielsweise das Leben eines hungernden Stammes gerettet haben, indem er einen Wal packte und ihn den Menschen zuwarf.

Die Indianerstämme im Südwesten Amerikas fürchteten sich vor der Großen Eule, einem weißen Nachtvogel mit glühenden Augen und Appetit auf Stammesangehörige. Die Eule beherrschte den Nachthimmel und

MEGAINTERESSANT

HERAKLES BESIEGTE SOGAR EINEN SCHWARM MENSCHEN FRESSENDER VÖGEL MIT PFEILSCHARFEM GEFIEDER. IHRE SCHNÄBEL KONNTEN RÜSTUNGEN DURCHDRINGEN.

DIE GROSSE EULE GEHT IM MONDSCHEIN AUF DIE JAGD.

erschien für einen Moment im bleichen Licht des Vollmonds, ehe sie ihre Beute packte und zu ihrem Nest auf einem Berggipfel schleppte.

Gefiederte Freunde

Nicht alle Vögel der Mythologie sind grausam. Der Feuervogel mit dem silbern und golden schimmernden Gefieder und den funkelnden Kristallaugen ist der Star der russischen Märchen. Sein Glanz überstrahlte tausend Kerzen, seine Nahrung – goldene Äpfel – verlieh ihm magische Kräfte. Wenn er sang, wurden die Kranken geheilt und die Blinden konnten wieder sehen. Als besondere Zugabe tropften bei jedem Ton schimmernde Perlen von seinem Hals.

Die chinesische Mythologie erzählt von dem Vogel Feng Huang mit dem Kopf eines

Fasans und dem Schwanz eines Pfaus. In seinen Schwanzfedern war das vielfarbige Licht des Paradieses gefangen und sein Ruf aus fünf Tönen war der Inbegriff von Schönheit und Harmonie. Die chinesische Tonleiter soll aus dem klangvollen Ruf des Feng Huang entwickelt worden sein.

Faszinierend ist auch der Phönix, der in der griechischen und ägyptischen Mythologie auftaucht. Mehr als einen einzigen Phönix konnte es zu keiner Zeit geben. Er lebte an einer Quelle und sein Morgengesang war so schön, dass sogar der Sonnengott in seiner goldenen Kutsche anhielt. Nachts ernährte sich der Phönix vom Licht der Sterne. Wenn er seinen Tod nahen fühlte, baute er sich ein Nest aus Weihrauch (duftendem Baumharz) und Kräuterzweigen und ging in Flammen auf. Aus der Asche wurde dann ein neuer Phönix geboren, der zur Stadt der Sonne flog, um ein goldenes Ei au den Altar des Sonnengottes zu legen.

Andere Flugwesen

Die mythologischen Vögel mussten sich den Luftraum mit vielen anderen Flugwesen teilen Da gab es Fledermäuse, Bienen, Falter und Libellen. In der Mythologie des Westens sind Fledermäuse eng mit dem Tod verbunden. In China dagegen sind sie Boten des Glücks. Selbs ihr Name „fu" klingt wie das Wort für Glück. Ihren schlechten Ruf in manchen Kulturen verdanken sie wahrscheinlich der Tatsache, dass sie Nacht-

DER MYTHOLOGISCHE VOGEL PHÖNIX, MANCHMAL AUCH FEUERVOGEL GENANNT, SETZT SEIN NEST IN BRAND.

MEGAINTERESSANT
DIE POMO-INDIANER GLAUBTEN, FLEDERMÄUSE KÖNNTEN VULKANGESTEIN ZERKAUEN UND ES IN FORM VON PFEILSPITZEN WIEDER AUSSPUCKEN.

IN VIELEN MYTHOLOGIEN GELTEN FLEDERMÄUSE ALS VORBOTEN DES TODES.

wesen sind. Die Ureinwohner Australiens erzählen folgende Geschichte: Der erste Mann und die erste Frau bekamen von einem höheren Wesen den Rat, sich von einer Fledermaus fern zu halten, die eine Höhle bewachte. Die Frau war aber neugierig. Als sie sich der Höhle näherte, flog die Fledermaus davon und ließ den Tod frei. Von da an waren die Menschen nicht mehr unsterblich.

Magische Libellen

Die Libelle hat in vielen Kulturen eine Bedeutung – mal gut, mal böse. In China gilt sie als Zeichen des Sommers, aber auch der

Schwäche. Die Zuni-Indianer schrieben ihr magische Kräfte zu. Und in der Mythologie der Navajo-Indianer gelten Libellen als gefährlich, bis der Medizinmann sie besänftigt – eine alte Form der Schädlingsbekämpfung.

DIE LIBELLE FRISST WASSERINSEKTEN UND FISCHBRUT. IN IHR VERBINDEN SICH SCHÖNHEIT UND KILLERINSTINKT.

IN DER GRIECHISCHEN LEGENDE HATTE EIN SCHWARM HEILIGER BIENEN DIE AUFGABE, DAS GÖTTERGETRÄNK NEKTAR ZU SAMMELN.

Summ, summ

Auch Bienen haben in der Mythologie ihren Platz. Im alten Griechenland hatten sie die Aufgabe, den Nektar einzusammeln, den die Götter tranken. Der Nektar fiel jeden Morgen als Tau vom Himmel. Aber sie waren nicht überall die Guten. Wenn der ägyptische Sonnengott Re weinte, verwandelten sich seine Tränen in Bienen. In der europäischen Mythologie flogen die Bienen als Boten zu den Göttern, wenn ein Mensch gestorben war. Das Misstrauen gegenüber Bienen war deshalb groß. Wenn ein Schwarm auf einem abgestorbenen Baum landete, sah man das als Vorzeichen für Tod und Katastrophen an.

BIENEN SUMMEN DURCH VIELE URALTE GESCHICHTEN.

RAFFINIERT!

Nicht alle Monster sind grausam. Die Mythologien kennen auch viele Gestalten, die einfach ihren Spaß daran haben, anderen Streiche zu spielen. Manchmal werden sie als Tiere mit übernatürlichen Fähigkeiten dargestellt, sie können aber auch eine menschliche Gestalt haben. Vielen geht es nur um das Vergnügen, einige besitzen aber auch die Fähigkeit, die Wahrheit zu verdrehen und so Unruhe zu stiften.

Tierisch!
Die mythologischen Gauner treten oft in Tiergestalt auf. Da gibt es rennende Hasen und haarige Krabbeltiere. Das Volk der Ashanti in Westafrika erzählt wilde Geschichten über eine Spinne namens Anansi, die Tiere, Menschen und sogar die Götter überlisten konnte. Der Legende zufolge hatte sie während der Entstehung der Welt eine besondere Aufgabe: Sie überbrachte die Gebete und Wünsche des Ashanti-Stammes an Nyame, den obersten Gott. Die kluge Spinne vollbrachte wahre Wunder. Als die Menschen jammerten, weil

TENGU SIND LISTIGE WESEN AUS JAPAN. SIE SIND HALB MENSCH, HALB VOGEL.

sie ständig arbeiten mussten, überredete sie Nyame die Nacht als Ruhepause einzurichten. Beschwerden über das Wetter führten zur Erfindung der Sonne, die den Tag erwärmte. Und der Mond wurde geschaffen, um die Nacht zu beleuchten. Anansi war aber nicht nur freundlich. Sie half den Menschen zwar, aber sie wollte auch etwas für sich haben: Nyames Schachtel mit den heiligen Geschichten.

Anansi brachte einen Baumstamm zum Lager des Pythons. Als die Schlange sich neben dem Baumstamm ausstreckte, band Anansi sie mit Lianen daran fest. Dann fing sie den Leoparden in einer Fallgrube mit einer Tarnung aus Zweigen

UM DIE SPINNE ANANSI, DIE MANCHMAL AUCH ALS SPINNENMENSCH AUFTRITT, RANKEN SICH IN AFRIKA VIELE GESCHICHTEN. SIE WERDEN NOCH HEUTE WEITERGESPONNEN.

und Blättern. Ein alter Trick, aber ein guter. Schließlich höhlte sie einen Kürbis aus und füllte ihn mit Wasser. Sie näherte sich den Hornissen und übergoss sich selbst mit dem Wasser, damit sie dachten, es regnete. Schnell suchten die Hornissen Schutz in dem hohlen Kürbis – den Anansi rasch verschloss. Die Fee fing sie mit einer Puppe aus klebrigem Teer. Als die Fee ihre neue Freundin umarmte, blieb sie einfach

Alles gesponnen?

Nyame stellte die Spinne auf die Probe. Er versprach die Geschichten herzugeben, wenn Anansi eine fast unmögliche Aufgabe erledigte. Sie sollte einen Riesenpython fangen, dazu einen Leoparden mit messerscharfen Zähnen, einen wütenden Hornissenschwarm und eine geheimnisvolle Fee.

DIESE AFRIKANISCHE MASKE STELLT DEN BRUDER HASE DAR, DER AN DER SEITE HOCHKLETTERT.

daran haften. Nyame war beeindruckt und übergab Anansi die Schachtel mit den Geschichten. Und diese Geschichten bilden bis heute einen wichtigen Teil der afrikanischen Mythologie.

Bruder Hase

In anderen afrikanischen Mythen ist von Bruder Hase die Rede. Er war beileibe kein Dummkopf, aber er war ein bisschen faul und nutzte lieber seinen Verstand als seinen trägen Körper. Wenn die Pflanzzeit kam, überredete er einen Elefanten und ein Flusspferd sich im Tauziehen zu messen. Die beiden rutschten hin und her – und am Ende war der Boden gelockert und der Hase hatte nur die Füße hochgelegt. Als afrikanische Sklaven nach Amerika gebracht wurden, nahmen sie diese und andere Geschichten mit. Deshalb sind die Erzählungen von „Brer Rabbit" heute Teil der afroamerikanischen Folklore.

MEGAINTERESSANT

DIE AMERIKANISCHEN UREINWOHNER KENNEN AUCH EINEN GAUNER NAMENS TAQWUS. JEDEN MORGEN ZIEHT ER LOS, UM DIE SEELEN DER MENSCHEN ZU STEHLEN, UND VERSPRÜHT DABEI BLAUE FUNKEN.

Kojote

In den Legenden vieler amerikanischer Indianderstämme, vor allem im Südwesten und in der Prärie, ist der Kojote der größte Gauner. Wie bei fast allen solchen Gestalten können seine Späße witzig oder auch böse sein. Manchmal wird er als Erschaffer der Menschen beschrieben, in anderen Geschichten schafft er nichts als Chaos.

Kojoten treten in verschiedener Gestalt auf, als Mensch, als Tier und auch als unsichtbare Kraft, die Flüsse umleiten und Berge versetzen kann. Der Kojote ist so neugierig, dass er sich laufend selbst in Schwierigkeiten bringt – und clever genug, um sich doch noch zu retten. In einer Geschichte stört er den Schöpfer, der aus Lehm die ersten Menschen formt. Als der Schöpfer den Kojoten verjagt, vergisst er seinen Ofen. Manche Menschen werden durchgebraten, andere bleiben halb roh. So verdanken wir es dem Kojoten, dass es Menschen verschiedener Hautfarbe gibt.

Ein Erzfeind des Kojoten ist der Rabe. Weil einer seiner Späße missglückte, wurde der Rabe aus dem Himmel vertrieben. Durch sein Flügelschlagen erhob sich die Erde aus den Meeren. Als der Rabe einmal nicht vom Kojoten gejagt wurde, stahl er Sonne und Mond und hängte sie am Himmel auf.

Hunde und Ponys

Manche Sagentiere sind durch und durch böse. Ein Beispiel ist Barghest, ein grässlicher Hund aus Yorkshire, der leise durch die Nacht schleicht und urplötzlich auftauchen oder verschwinden kann. Dass er in der Nähe ist, verrät nur das Knirschen seiner gewaltigen Zähne. Wer das Pech hat den Hund in voller Größe zu sehen, der kann gleich auf den Friedhof marschieren, denn der Tod ist unausweichlich. Nicht ganz so gefährlich ist das zottige, harmlos aussehende Pony Phooka aus der irischen

DER LISTIGE KOJOTE IST DAS MOTIV DIESES MIT PERLEN BESTICKTEN SCHILDES DER AMERIKANISCHEN INDIANER.

DER RIESENWOLF FENRIR WURDE SCHLIESSLICH MIT EINER UNZERREISSBAREN KETTE AUS DER ZWERGENSCHMIEDE GEFESSELT.

Legende. Steigt aber jemand auf seinen Rücken, gerät das Tier in Wut und jagt in wildem Galopp durch Dornengestrüpp und Schlamm, ehe es den Reiter in einen tiefen Graben wirft.

Der böse Wolf

Einer der größten Bösewichte der Mythologie ist Fenrir, der riesige Wolf aus den nordischen Legenden. Als Jungtier machte er kaum Ärger, doch den Göttern wurde vorhergesagt, dass der Wolf einmal für die Zerstörung der Welt verantwortlich sein würde. So beschlossen sie ihn an die Kette zu legen und genau im Auge zu behalten. Er wuchs zu einem riesigen Tier mit gewaltigen Kräften heran und zerriss eine Kette nach der anderen. Da baten die Götter die Zwerge eine unzerstörbare Zauberkette zu schmieden. Aus sechs Zutaten fertigten sie diese Kette an: den Spuren einer Katze, dem Atem eines Fischs, dem Speichel eines Vogels, der Kraft eines Bären, den Wurzeln eines Bergs und den Barthaaren einer Frau. Mit dieser hauchdünnen Kette wurde Fenrir für alle Ewigkeit an einen Felsen gekettet.

Der trickreiche Maui

Nicht alle listigen Wesen sind Tiere. In Polynesien kennt man den Helden Maui, der nichts so akzeptierte, wie es war. Als seine Mutter sich beschwerte, dass der Tag einfach zu kurz sei, fing er die Sonne in einem Käscher, den er aus den Haaren seiner Schwester geknüpft hatte. Dann verprügelte er die Sonne mit dem magischen Kieferknochen seiner Großmutter so lange, bis sie versprach, in Zukunft langsamer über den Himmel zu ziehen, damit der Tag länger würde.

Maui war auch ein findiger Fischer. Nach der Überlieferung weigerten sich seine Brüder ihren Fang mit ihm zu teilen. So verwendete er sein Blut als Köder, um den dicksten Fang zu machen: die nördliche Insel Neuseelands. Die Maori, die Ureinwohner Neuseelands, nennen diese Insel Te Ika a Maui (Fisch des Maui).

DIESE MAORI-SCHNITZEREI ZEIGT MAUI, DER DEN RIESENFISCH NEUSEELAND AN DER ANGEL HAT.

Schwarz und weiß

Eshu war ein Wesen aus der westafrikanischen Mythologie. Er trat in verschiedenen Größen auf und war durch seine Listigkeit und die vielen Sprachen, die er kannte, ein idealer Bote zwischen Göttern und Menschen. Aber Eshu hatte Spaß daran, die Menschen zu verwirren. In einer Geschichte trug er einen Hut, der auf einer Seite weiß und auf der anderen schwarz war. Die Leute sahen ihn und stritten über die Farbe des Hutes, weil sie immer nur eine Seite sehen konnten.

EINE DARSTELLUNG DES AFRIKANISCHEN ESHU. IN DER HAND HÄLT ER EINE WINZIGE STATUE, DIE EBENFALLS IHN ZEIGT.

Witzbold

Der ägyptische Gott Bes verursachte mehr Gelächter als Chaos. Der kleine Kerl mit den krummen Beinen und dem zottigen Haar streckte Gefahren einfach die Zunge heraus. Um Übel abzuwehren, schlug er mit seinen winzigen Händen Werkzeuge gegeneinander. Statuen von Bes standen in jedem Haus im alten Ägypten.

MONSTER-MIX

Die Mythologie ist voll von Geschichten über Vermählungen zwischen verschiedenen Monstern. So entstanden die unglaublichsten Wesen – männliche wie weibliche. Es gibt Kreuzungen zwischen Mensch und Tier, aber auch Mischwesen aus verschiedenen Tieren. Andere Monster haben zusätzliche Körperteile, etwa mehrere Köpfe, Arme oder Beine. Und die meisten sind verrückt, böse und äußerst gefährlich.

Dreiköpfiger Schrecken
In der griechischen Mythologie wird der Eingang zum Totenreich Hades von einem dämonischen Hund namens Cerberus bewacht. Dieses dreiköpfige Ungeheuer ließ die Seelen der Toten in die Unterwelt, aber niemanden wieder heraus. Nur wenige Menschen schafften es, sich an dem kläffenden Monster vorbeizuschleichen. Der Held Orpheus versetzte Cerberus mit Lautenmusik in tiefen Schlaf. In der römischen Legende gelang es dem trojanischen Prinzen Aeneas, den Höllenhund mit

honigsüßem Hundekuchen zu besänftigen.

Halb Stier, halb Mann
Ein anderes griechisches Monstrum war der Minotaurus, der den Körper eines Mannes und den Kopf und Schwanz eines Stieres hatte. Alles begann damit, dass Minos König der Insel Kreta werden wollte. Er bat die Götter ihm einen besonderen Stier zu senden. Den wollte er dann opfern, um seine

DER HÖLLENHUND CERBERUS BLECKT SEINE ZÄHNE. SEINE SCHLANGENSCHWÄNZE ZISCHEN JEDEN AN, DER SICH IN DIE NÄHE WAGT.

Ergebenheit zu beweisen. Als er aber das schöne Tier sah, wollte er es lieber selbst behalten und tauschte es vor der Opferung gegen eines aus seiner Herde aus. Die Götter durchschauten die Täuschung und beschlossen Minos zu bestrafen. Sie sorgten dafür, dass sich seine Frau in den Stier verliebte. Sie versteckte sich in einer hölzernen Kuh und einige Monate später wurde der Minotaurus geboren.

Weil er einen Stierkopf hatte, verbreitete der Minotaurus auf Kreta Angst und Schrecken. So bat Minos den Baumeister Daedalus ein Labyrinth als Gefängnis zu entwerfen. Es sollte so kompliziert sein, dass der Minotaurus nicht daraus fliehen konnte.

Jedes Jahr schickte der König einige Kinder in das Labyrinth, damit der Minotaurus genug zu fressen hatte. Davon hörte der Held Theseus aus Athen und beschloss das Kinder fressende Monster zu töten. Gemeinsam mit der Königstochter Ariadne schmiedete er einen Plan. Ariadne gab ihm ein Wollknäuel mit ins Labyrinth, das er langsam abrollte. Im Mittelpunkt fand Theseus den schlafenden

DER SCHEUSSLICHE MINOTAURUS LEBTE IN EINEM GEWALTIGEN STEINERNEN LABYRINTH.

MEDUSAS KOPF MIT DEM GEWIRR AUS SCHLANGEN. IHR BÖSER BLICK WAR LEBENSGEFÄHRLICH. WER IHR IN DIE AUGEN SAH, DER ERSTARRTE ZU STEIN.

Minotaurus und erschlug ihn. Dann folgte er dem Faden, um wieder aus dem Labyrinth herauszufinden.

Schuppiges Ekel

Kreuzungen zwischen Mensch und Schlange trifft man in der Mythologie häufiger. Das mag daran liegen, dass die Schlange seit jeher mit dem Bösen in Verbindung gebracht wird. Zu den grässlichsten Monstern zählen Typhon und seine Frau Echnida, ein heimtückisches Mischwesen aus Nymphe und Schlange. Wenn Typhon auftauchte, versteckten sich sogar die Götter.

Sein Kopf ragte bis zu den Sternen empor, Gift tropfte aus seinen Augen und heiße Lava brodelte aus seinem Mund. Um die Hüften trug er einen Ring aus Schlangen und anstelle von Fingern hatte er ebenfalls zischelnde Schlangen. Viele Jahre bekämpften die Götter Typhon. Dann wurde er unter dem Vulkan Ätna in Italien eingesperrt. Und es heißt, dass er da noch heute hockt und gelegentlich Feuer und Lava speit.

Schlangenschwestern

Die Gorgonen, die in den russischen Überlieferungen Gorgonyou heißen, hatten täglich Frisurprobleme, denn statt Haaren wuchsen Schlangen auf den Köpfen der drei Schwestern. Der Sage nach soll Medusa, eine von ihnen, eigentlich ein hübsches, aber sehr eitles Mädchen gewesen sein. Sie machte den Fehler zu behaupten, dass ihre Haare schöner seien als die Locken jeder Göttin. Zur Strafe wurden ihre Haare in ein Gewirr aus Schlangen verwandelt. Und wer es wagte, ihr in die Augen zu sehen, der erstarrte augenblicklich zu Stein. Der griechische Held Perseus konnte sie schließlich besiegen, indem er nicht sie selbst ansah, sondern ihr Spiegelbild, während er ihr den allerletzten Haarschnitt verpasste.

MEGAINTERESSANT

DER ITALIENISCHE ENTDECKER CHRISTOPH KOLUMBUS VERZEICHNETE IN SEINEM LOGBUCH MEHRERE BEGEGNUNGEN MIT MEERJUNGFRAUEN VOR DER KÜSTE HAITIS.

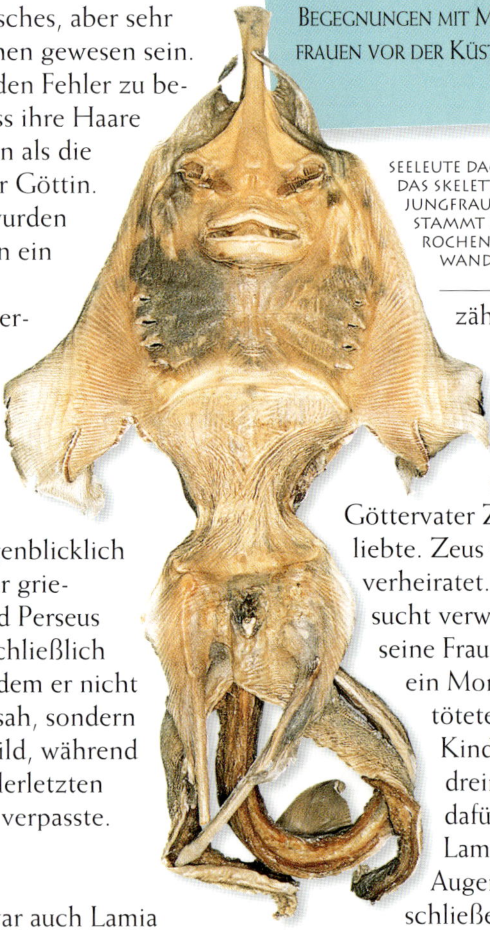

SEELEUTE DACHTEN, DIES SEI DAS SKELETT EINER MEERJUNGFRAU. TATSÄCHLICH STAMMT ES VON EINEM ROCHEN, EINEM VERWANDTEN DER HAIE.

Lamia

Widerlich war auch Lamia mit dem Unterkörper einer Schlange, dem Kopf und Oberkörper einer Frau und dem Speisezettel eines Vampirs. Am liebsten fing sie kleine Kinder, um ihnen das Blut auszusaugen. Die griechische Mythologie erzählt, dass Lamia eine Prinzessin war und sich in den Göttervater Zeus verliebte. Zeus war aber verheiratet. Aus Eifersucht verwandelte seine Frau Lamia in ein Monster und tötete all ihre Kinder. Obendrein sorgte sie dafür, dass Lamia die Augen nicht schließen konnte. So fand sie keinen Schlaf, sondern wurde stattdessen von der Erinnerung an ihre Kinder verfolgt. Zeus gab Lamia später die Fähigkeit, ihre Augen herauszunehmen, um diesen Bildern gelegentlich zu entkommen.

WEB-TIPP
www.br-online.de/kinder/funkhaus/wissen/fabelwesen.htm

Ihr einziger Trost bestand aber darin, die Kinder anderer Leute zu rauben.

Fischmenschen

Wer tief in die Mythologien eintaucht, wird eine Reihe von halb menschlichen Wasserbewohnern finden. Ein Triton beispielsweise hat den Kopf und Oberkörper eines Mannes und einen Fischschwanz. Mit verzauberten Seepferdchen und Seeungeheuern saust er durch die Meere und trompetet ab und zu auf einer großen Meeresschnecke, um die Wellen zu beherrschen.

Viele Seemannsgeschichten handeln von Begegnungen mit Meerjungfrauen – fantastischen Gestalten mit dem Oberkörper einer schönen Frau und einem Fischschwanz. Solche Legenden gibt es überall auf der Welt. In Indien nennt man die Meerjungfrauen Apsara, in Japan erzählt man Legenden von Wesen namens Ninyo. Wenn Meerjungfrauen nicht gerade schwimmen, sonnen sie sich auf Felsen, kämmen ihre Haare und singen magische Lieder, mit denen sie Seeleute an die gefährliche Küste locken.

Der Legende nach nahmen die Meerjungfrauen ihre verzauberten Opfer mit auf den Meeresgrund, wo sie in einem Wasserreich zusammen mit den Meermännern und den Meerkindern lebten. Deshalb deutete man Meerjungfrauen als böses Vorzeichen für den Tod durch Ertrinken.

Ein besonders seltsames Wesen war der Yara-Ma-Yha-Who, vor dem sich die Ureinwohner Australiens fürchteten. Das menschenähnliche Wesen war leuchtend rot und so groß wie ein Kind. Es hatte einen riesigen Kopf mit einem großen Maul und anstelle von Fingerspitzen Saugnäpfe wie ein Tintenfisch. Mit diesen zog das Wesen seine menschlichen Opfer in die Tiefe, wo es ihnen das Blut aussaugte.

DIESER ALTE HOLZSCHNITT ZEIGT EINE HUNGRIGE HARPYIE, DIE IHRE KRALLEN IN EIN WEHRLOSES OPFER SCHLÄGT.

Geflügelter Schrecken

In vielen Kulturen kennt man auch Mischwesen zwischen Mensch und Vogel. Die Harpyien waren geflügelte Frauen, die aus dem Himmel herabschwebten und mit starken Krallen ihre Beute packten. Dann trugen sie die Opfer an einen grausigen Ort in der Unterwelt, von dem diese nie mehr zurückkehrten.

In der Mythologie der Hindus kennt man Garudah, den König der Vögel. Er hat den Körper eines Menschen mit Schnabel und Flügeln eines Adlers. Haut und Federn dieses Wesens waren golden und leuchteten so hell wie die Sonne. Garudah flog durch die Luft, gelenkt von dem großen Gott Vishnu, um das Böse auszurotten. Ab und zu fing er mit seinen Krallen auch eine Schlange zum Mittagessen.

Aus der griechischen Mythologie stammen die Sirenen mit einem Vogelkörper und einem Frauenkopf. Sie lebten auf einer Felseninsel und lockten mit ihrem Gesang Schiffe an die gefährliche Küste. Kein Seemann konnte der Schönheit ihrer Stimmen widerstehen,

DIE SPHINX FRASS JEDEN, DER IHR RÄTSEL NICHT LÖSEN KONNTE.

KLAR, DASS DIE SPHINX RÄTSEL LIEBTE. MIT DEM FRAUENKOPF AUF DEM LÖWENKÖRPER SAH SIE JA AUCH SELBST RÄTSELHAFT AUS.

was meistens tödliche Folgen hatte. Einige schafften es aber, dem Gesang der Sirenen zu entkommen. Sie übertönten ihn mit lauter Musik oder verstopften ihre Ohren mit Wachs.

Rätsel und Giftstachel

Die enorme Kraft des Löwen hat die Völker seit jeher beeindruckt, darum gibt es in der Mythologie auch Mischwesen aus Löwe und Mensch. Am bekanntesten sind Sphinge. In Ägypten hatten sie einen Löwenkörper und einen Menschenkopf. Statuen und Wandgemälde aus alten Zeiten zeigen sie meist mit einer Königskrone. In der griechischen Mythologie war die Sphinx ein geflügelter Löwe mit einem Frauenkopf. Sie saß auf einem Felsen am Eingang zur Stadt Theben und gab jedem, der vorbeikam, ein Rätsel auf. Sie fragte, welches Wesen eine Stimme hat und morgens auf vier Beinen geht, mittags auf zweien und abends auf dreien. Wer keine Antwort wusste, wurde gefressen.

Dem griechischen Helden Ödipus fiel schließlich eine Antwort ein: Es ist der Mensch, der als Baby auf allen vieren krabbelt, als Erwachsener auf zwei Beinen geht und im Alter an einem Stock humpelt. Die Sphinx war darüber so wütend, dass sie sich selbst in den Tod stürzte.

Ein ähnliches Wesen ist auch der Mantikor, ein tödlicher Räuber, der durch die Wälder Asiens streift. Dieser Löwe hat einen Menschenkopf, aber mit drei Reihen gefährlicher Zähne. An seinem Schwanz trägt er Giftstachel, mit denen er sein Opfer im Nu töten kann. Dann frisst das Ungeheuer seine Beute mit Haut und Haaren.

Gefährliche Löwen

In der Mythologie gibt es so viele Mischwesen, dass man damit einen ganzen Zoo füllen könnte. In der Luft könnte man fliegende Elefanten aus der

DER GREIF – HALB VOGEL, HALB LÖWE – IST DER BESCHÜTZER VON GOLD UND ANDEREN SCHÄTZEN.

Hindu-Mythologie und geflügelte Stiere und Leoparden aus babylonischen Erzählungen entdecken. Auf der Erde träfe man Stiere mit Schuppen oder goldenen Hörnern, aber auch neunschwänzige Füchse, achtbeinige Pferde und Schlangen mit Köpfen an beiden Enden. Selbst eine Kreuzung aus Hahn und Leopard ist vertreten.

Ein berühmtes Mischwesen ist der Greif. Er hat Kopf, Schnabel und Flügel eines Adlers, den Körper eines Löwen und eine Schlange als Schwanz. Der Greif ist stärker als zwölf Adler und gefährlicher als ein Rudel Löwen. Er stammt ursprünglich aus der Mythologie des Nahen Ostens, taucht aber in den Legenden vieler anderer Völker auf. Eines seiner Lieblingsspiele war es, urplötzlich aufzutauchen und ein Pferd samt Reiter davonzutragen.

Ein weiterer Mischling ist die Chimäre. Vorderbeine und Kopf stammen vom Löwen, auf dem Rücken sitzt ein Ziegenkopf und eine Schlange bildet den Schwanz. Um ihre drei Mäuler zu stopfen, mordete die Chimäre Menschen. Erlegt wurde sie von dem Helden Bellerophon, der auf dem geflügelten Pferd Pegasus ritt.

IN MANCHEN LEGENDEN HEISST ES, CHIMÄREN KÖNNTEN FEUER SPEIEN. ES WIRD ABER NICHT ERWÄHNT, AUS WELCHEM DER DREI MÄULER.

MIT VIEL PFERDESTÄRKE TRUG DER GEFLÜGELTE PEGASUS SEINEN REITER BELLEROPHON IN DIE SCHLACHT.

Pferdiges Pegasus war ein magisches Pferd mit goldenem Zaumzeug und einem Paar großer, weißer Flügel am Rücken. Das geflügelte Wunder war aus dem Blut der geköpften Medusa geboren worden. Pegasus war der treue Gefährte des griechischen Helden Bellerophon. Nachdem er die Chimäre getötet hatte, war er so stolz, dass er geradewegs in den Himmel reiten wollte. Pegasus wusste aber, dass das verboten war, und warf ihn ab.

PEGASUS FLOG IN DEN HIMMEL UND WURDE ZU EINEM STERNBILD.

Ein anderes Pferdewesen aus der Mythologie ist das Einhorn, ein weißes Tier mit einem spiralförmigen Horn auf der Stirn. In der westlichen Mythologie gilt es als wild und unzähmbar. In Asien, wo es Kirin heißt, hielt man es für scheu, sanft und freundlich. Das Einhorn galt als Glücksbringer. Seinem Horn schrieb man heilende und reinigende Kraft zu. Man musste es nur in einen vergifteten See tauchen und schon war das Wasser wieder rein. Etwas Staub von dem Horn heilte Krankheiten. Auf Wappen wird das Einhorn als Mischwesen mit gedrehtem Horn, Rehbeinen, Ziegenbart und Löwenschwanz dargestellt.

GROSS UND HAARIG

Haarige Monster wie Bigfoot und Yeti sehen aus wie seltsame Kreuzungen aus Mensch und Affe. Sie sollen durch unberührte Landschaften streifen. Jede Kultur scheint so einen Affenmenschen zu kennen. Aussehen und Verhalten dieser Wesen werden verblüffend ähnlich beschrieben. Meist werden sie im Gebirge oder in Sumpfgebieten gesichtet. Sie hinterlassen oft riesige Fußspuren und einen strengen Geruch.

Überall Haare

Wer Bücher über Mythologie durchstöbert, wird feststellen, dass all diese Wesen – ob groß oder klein – Friseure hassen. Die meisten Legenden beschreiben sie als dicht behaart, vielleicht mit kahlen Flecken um Augen, Nase und Ohren, an den Fußsohlen und Handflächen. Die meisten sind dunkelhaarig, aber es gibt auch rothaarige, blonde und grau- oder silberhaarige Monster. In manchen Berichten haben sie außerdem glühende Augen.

Es gibt diese behaarten Wesen in verschiedenen Größen. Die mächtigsten Exemplare sind unglaubliche 3,60 m groß und eine halbe Tonne schwer. So ein Kerl könnte problemlos einen Baum oder einen Telegrafenmasten mit einem einzigen Ruck ausreißen.

Die behaarten Affenmenschen werden meist als Einzelgänger beschrieben, die durch abgelegene Landstriche wie Gebirge und

BIGFOOT IST EIN RIESENGROSSER BEHAARTER AFFENMENSCH.

DIESES WESEN, NACHGESTELLT ANHAND VON BESCHREIBUNGEN, IST DER STAR DES FILMS *BIGFOOT*.

Sümpfe streifen und ab und zu grausiges Heulen hören lassen.

Terror in Tibet

Wen wundert es, dass das größte dieser Wesen im Himalaja, dem höchsten Gebirge der Welt, zu Hause sein soll? Legenden erzählen von einer Gestalt, die in eisigen Höhen leben soll und die Tibeter schon seit Jahrtausenden

MEGAINTERESSANT

1961 ERKLÄRTE DIE REGIERUNG VON NEPAL OFFIZIELL, DASS ES DEN YETI GÄBE. DIE NEPALESEN MACHTEN IHN ZU IHREM LANDESSYMBOL UND BILDETEN IHN SOGAR AUF BRIEFMARKEN AB.

erschreckt – dem Yeti. Das Ungeheuer hat verschiedene Namen. Die Menschen in Nepal nennen es „rakshasa", das bedeutet „Dämon". In Tibet heißt er „yeh-teh", auf Deutsch „das Ding". Und Sensationsreporter schrieben über den „grausigen Schneemenschen" in der Hoffnung, dadurch Angst auszulösen und die Auflagenzahlen zu steigern.

MEGAINTERESSANT

ALS 1956 SIR EDMUND HILLARY UND SEIN PARTNER TENZING NORGAY VOM VOLK DER SHERPA DEN MOUNT EVEREST BESTIEGEN, FANDEN SIE RIESIGE FUSSABDRÜCKE IM SCHNEE.

Der Yeti soll 2 m groß sein, einen länglich zugespitzten Kopf mit einem breiten Gebiss haben, wuchtige Schultern, einen kräftigen Körper und Arme, die bis zu den Knien reichen – alles von zottigem Fell bedeckt. Er hat gewaltige Kraft und kann mächtige Eisbrocken schleudern. Seine Stimme reicht von einem hohen Pfeifen bis zu Löwengebrüll. Und er soll eine Schwäche für alkoholische Getränke haben.

Viele Bergsteiger, die den Gipfel des Mount Everest bezwungen haben, berichteten von riesigen Fußabdrücken in Eis und Schnee und von dunklen Gestalten, die durch das Hochgebirge gehuscht seien – schneller als ein Mensch oder jedes bekannte Tier. Niemand hat aber bewiesen, dass es den Yeti wirklich gibt. Darum vermuten viele, dass die Bergsteiger einen Affen oder Bären gesehen haben oder vielleicht nur ihre Schneebrille dringend einen Lappen gebraucht hätte.

Große Berge, große Monster

In anderen Teilen Asiens sind diese behaarten Wesen ein Bestandteil der Volkserzählungen. Die Almas beispielsweise sollen im Kaukasusgebirge in der Mongolei gelebt haben. Sie werden als sanft und recht scheu beschrieben und sollen rötliches Fell, einen breiten Haarwulst über den Augen und vorstehende Kiefer gehabt haben. Es gibt viele Legenden über friedliche Begegnungen

DIE FORSCHER SIND NICHT SICHER, OB DIESER FUND AUS TIBET DER SKALP EINES YETI ODER EIN SCHERZ IST.

zwischen Menschen und Almas. In manchen heißt es sogar, die Almas hätten eine einfache Zeichensprache gelernt, um sich mit den Menschen zu verständigen und Handel zu treiben.

Auch bei uns

Behaarte Affenmenschen gehören nicht nur in ferne Bergwelten, sie sind auch in den europäischen Legenden zu Hause. In dem altenglischen Epos über Beowulf, das in angelsächsischer Sprache geschrieben wurde, wird von einer Begegnung zwischen dem Helden Beowulf und einem behaarten, menschenähnlichen Monster namens Grendel erzählt.

Grendel war ein riesiger, wilder Kerl, der regelmäßig nachts am Hof des dänischen Königs auftauchte, um sich als späte Mahlzeit einen oder zwei schlafende Wächter zu holen. Eines Nachts legte sich Beowulf auf die Lauer. Als das Ungeheuer zwischen zwei Bissen eine Pause einlegte, packte er zu. Nach einem erbitterten Ringkampf riss Beowulf dem

DAS RIESIGE, HAARIGE MONSTER STEHT NUR WENIGE SCHRITTE HINTER DEM AHNUNGSLOSEN BERGSTEIGER.

DIESES BILD ZEIGT DEN GROSSEN GRAUEN MANN, DER AUF DEM GIPFEL EINES SCHOTTISCHEN BERGES WÜTET.

Monster mit bloßen Händen einen Arm ab. Grendel rannte wutentbrannt in seine Höhle zurück und der siegreiche Beowulf nagelte den Arm in der königlichen Halle an die Wand.

MacAlbtraum

Auch Schottland hat sein behaartes Monster, bekannt als Großer Grauer Mann. Einsame Bergsteiger auf dem Ben MacDhui im Cairngorm-Gebirge wollen ihn gesehen haben.

Das Wesen ist nicht nur riesengroß mit ellenlangen Armen, es hat auch eine besonders unangenehme Ausstrahlung. Manche Bergsteiger haben den Großen Grauen Mann nicht gesehen, aber eine sehr starke negative Energie gespürt, begleitet von einem hohen Summton und dunklen Flecken am Himmel. Durch diese Erscheinungen geängstigt, sind viele Bergsteiger kopflos auf gefährliche Vorsprünge gelaufen und in die Tiefe gestürzt. Andere, die etwas besonnener waren, sind schleunigst aus dem Gebirge geflohen.

Bigfoot

Das berühmteste dieser Wesen ist wahrscheinlich Bigfoot, der in den dichten Wäldern an der nordamerikanischen Pazifikküste hausen soll. Man kennt ihn auch unter dem indianischen Namen Sasquatch, was „haariger Riese" bedeutet. Manche Stammeslegenden erzählen, dass Sasquatch einmal ein Mensch war. Aber er sonderte sich ab und entwickelte einen Hass auf alle Menschen. Dadurch veränderte er sich innerlich und äußerlich.

Die Schreckgestalt ist so hoch wie ein Einfamilienhaus und fast eine Tonne schwer. Bigfoot hat fünf dicke Zehen an jedem Fuß und verbreitet einen üblen

WEB-TIPP
www.zdf.de/ZDFde/inhalt/30/0,1872,2034046,00.html

EIN ABGUSS VON BIGFOOTS RIESIGEN FUSS-ABDRÜCKEN. MAN SOLLTE DEM UNGEHEUER VORSICHTSHALBER NICHT NÄHER KOMMEN.

Gestank. Außerdem gibt er schreckliche Laute von sich, die aus Jammern, Kreischen und Bellen bestehen.

In den Legenden der amerikanischen Ureinwohner verhalten sich Bigfoots wie Monster. Sie entführen Menschen (manchmal, um sie zu fressen – manchmal auch, um sich mit ihnen zu paaren). Sie ermorden gnadenlos jeden, der ihren Weg kreuzt. Sie bombardieren Lager mit Felsbrocken und ausgerissenen Bäumen und heulen die ganze Nacht. Manche Legenden berichten sogar, dass sie Spazierstöcke aus menschlichen Knochen benutzen.

Sanfter Riese

Bigfoot soll aber auch seine freundlichen Seiten haben. In einer Indianerlegende trifft ein Fischer den verhungernden Bigfoot an einem See und bietet ihm die Hälfte seines Fangs an. Einige Wochen später findet er einen Haufen Felle vor seiner Behausung. Noch mehrmals bekommt er Geschenke. Als sie ausbleiben, nimmt er an, dass Bigfoot weitergezogen ist.

Jahre später begegnet der Mann einer Klapperschlange. Sie beißt ihn und er wird ohnmächtig. Als er wieder zu sich kommt, findet er sich in den Armen Bigfoots wieder, der das Gift entfernt hat und ihn nun nach Hause trägt. Damit hat das Monster seine Schuld endgültig beglichen.

EINIGE UMSTRITTENE AMATEURBILDER VON 1967, DIE BIGFOOT AUF DER FLUCHT ZEIGEN.

MONSTER-KLASSIKER

In den meisten antiken Mythen dienen die Monster der Schaffung von Helden. In jüngerer Zeit sind Gänsehautgeschichten über intelligentere Monster entstanden, die sehr beliebt sind. Es sind Monster-Klassiker wie Frankenstein und Dracula, die in Horrorfilmen zum Leben erwachen. Sie spuken durch unsere Fantasie und irgendwie lieben wir diese finsteren Bösewichte.

FRANKENSTEINS MONSTER IST DAS MEISTERSTÜCK EINES MASKENBILDNERS. SELBST DIE SCHRAUBEN, DIE DEN KOPF ZUSAMMENHALTEN, FEHLEN NICHT.

Megainteressant
Als Percy Shelleys erste Frau 1816 ertrank, versuchten die Ärzte sie mit Elektroschocks und anderen Techniken wiederzubeleben – ohne Erfolg.

Selbst gebaute Monster

In Kochbüchern findet man die verschiedensten Rezepte, aber keines zur Herstellung von Menschen. Seit langer Zeit fasziniert Wissenschaftler die Vorstellung, Tote wieder zum Leben zu erwecken. Im 19. Jahrhundert haben sie allerlei Techniken entwickelt, darunter verschiedene Riechsalze, den „Lebenskuss" zur Anregung der Atmung und sogar Elektroschocks, um das Nervensystem zu aktivieren. Zeitungen berichteten über diese Versuche, die die Grenze zwischen Leben und Tod verwischten. Und sie regten eine junge Frau aus England an, eine schreckliche Horrorgestalt zu erfinden.

Frankensteins Monster

Im Sommer 1816 reiste die englische Autorin Mary Shelley mit ihrem Ehemann, dem Dichter Percy Shelley, in die Schweiz. Sie besuchten dort den Dichter Lord Byron. Die meiste Zeit mussten sie wegen schlechten Wetters im Haus bleiben.
So vertrieben sich die Gäste die Zeit mit Geistergeschichten und anderen gruseligen Erzählungen. Eines Tages beschlossen sie einen Wettbewerb zu veranstalten. Es ging um die gruseligste Geschichte. All die Gespräche über Friedhöfe, Spukschlösser und sonderbare Vorgänge in Laboratorien schlichen sich nachts in Marys Träume. Sie träumte davon, wie Tote zum Leben erweckt und aus Leichenteilen neue Wesen geschaffen wurden. Diese Albträume bildeten die Grundlage für ihren berühmten Roman *Frankenstein*.

Wie Herr Doktor befiehlt

Marys Roman erzählt die Geschichte des jungen Mediziners Victor Frankenstein, der sich in die Idee verbeißt, die Toten zu „reanimieren". Nachdem einige seiner ersten Versuche geglückt sind, wagt er sich an ein großes Vorhaben. Aus Teilen verschiedener Toter setzt er ein Wesen zusammen, das er dann zum Leben erweckt.

Als die zusammengebaute Gestalt die Augen öffnet, ist Frankenstein restlos entsetzt. Sein Geschöpf ist riesengroß, hat schwarze Haare und dünne, schwarze Lippen.

Seine gelbe Haut ist so dünn, dass man die Adern darunter pulsieren sieht. Kurz – der Doktor hat ein Monster geschaffen. Entsetzt rennt Dr. Frankenstein aus seinem Labor. Das Monster spaziert in das benachbarte Dorf, wo jeder schreiend davonrennt, der es sieht.

Das Monster zieht sich zurück, lernt lesen und versteht

EIN BILD AUS DER FRANKENSTEIN-VERFILMUNG VON 1973 MIT DAVID PROWSE IN DER ROLLE DES MONSTERS.

langsam, wer es ist und warum die Menschen sich vor ihm fürchten. Es fühlt sich zurückgewiesen und schwört, sich an seinem Schöpfer zu rächen. Das Monster macht sich auf die Suche und hinterlässt dabei eine Spur aus Tod und Zerstörung. Doch es findet den Doktor tot vor. Das Monster erkennt, dass auch seine Zeit gekommen ist, zieht von dannen und ergibt sich seinem Schicksal.

Auf nach Hollywood

1931 nahm sich Hollywood der Frankenstein-Geschichte an und es entstand einer der ersten Horrorfilme, der ein Klassiker wurde. Allerdings waren einige Veränderungen fällig. Die Maskenbildner beschlossen, dass der Doktor den Schädel aufsägen müsse, um ein gestohlenes Gehirn einzusetzen. Folglich hatte das erste Monster eine flache, breite Stirn, auf der die Stiche der Naht deutlich zu sehen waren. Zwei Schrauben dienten als Kontakte für die Elektrostöße, mit denen es zum Leben erweckt wurde. Sein großer, unförmiger Körper war von hässlicher, grüner Haut überzogen. In späteren Verfilmungen schufen die Maskenbildner immer schauderhaftere Gestalten.

In Shelleys Geschichte hat das Monster auch eine sensible Seite und tötet nur aus Rache.

PLAKAT ZUM FILM *DR. JEKYLL UND MR. HYDE* (1931) MIT FREDERIC MARCH IN DER HAUPTROLLE.

In den Filmen mordet es dagegen wild und planlos, weil ihm versehentlich das Gehirn eines Verbrechers eingesetzt wurde.

Horror auf Rezept

Ein ähnlich schreckliches Paar aus Mediziner und Monster lernen wir in dem Roman *Dr. Jekyll und Mr. Hyde* von dem schottischen Schriftsteller Robert Louis Stevenson kennen. Stevenson schrieb das Buch im Jahre 1885 nach einem besonders üblen Traum und das ist durchaus spürbar. Die Geschichte handelt von dem angesehenen Dr. Jekyll, dessen Leben auf seltsame Weise mit dem Handeln des zwielichtigen Mr. Hyde verwoben ist.

Nachdem eine Reihe von scheußlichen Gewalttaten Dr. Jekyll in Verdacht bringt, stellt sich heraus, dass er eine spezielle Droge entwickelt hat. Mit ihrer Hilfe kann er seine gute Seite von seinen schlechten Charaktereigenschaften trennen. Als Dr. Jekyll ist er ein angesehener Bürger, aber als Mr. Hyde hat er sich nicht unter Kontrolle. Schließlich sieht Dr. Jekyll ein, dass er Mr. Hyde nur aufhalten kann, indem er ihn – und damit auch die positive Seite der Person – vergifet.

IN DER GESCHICHTE VON DR. JEKYLL UND MR. HYDE AKTIVIERT DER DOKTOR MIT EINER DROGE DAS MONSTER, DAS IN IHM SCHLUMMERT.

Mal abbeißen?

Vampire geistern schon seit langer Zeit durch die Welt. Sie gehören zum Volk der Untoten, die eigentlich schon gestorben sind, aber dennoch weiter ihr Unwesen treiben. Ein Vampir steigt nachts aus seinem Grab und saugt durch seine langen Eckzähne das Blut lebender Wesen auf – eine ziemlich unschöne Gewohnheit.

Der Mythos vom Vampir findet sich in Geschichten aus aller Welt. Die Inuit aus Kanada haben einen legendären Vampir namens Adlet. Die wahre Heimat der blutdurstigen Bestien sind aber die slawischen Länder in Osteuropa. Von hier stammen zahllose Geschichten über Vampire, die unschuldigen Bürgern auflauern. Es sind fledermausähnliche Wesen, die in die Schlafzimmer eindringen und äußerst unangenehm Halsschmerzen verursachen.

MEGAINTERESSANT
DER SLAWISCHEN LEGENDE ZUFOLGE KONNTEN SOGAR KÜRBISSE UND MELONEN ZU VAMPIREN WERDEN, WENN SIE VON EINEM VAMPIR GEBISSEN WURDEN.

IN AMERIKA GIBT ES BLUT LECKENDE FLEDERMÄUSE, DIE VAMPIRE HEISSEN.

ZU EINEM VAMPIR-ABWEHR-SET GEHÖREN EIN ZOPF KNOBLAUCH, EINEN SPIEGEL UND EIN KRUZIFIX.

Besondere Fähigkeiten

Den alten Legenden zufolge gab es verschiedene Arten, ein Vampir zu werden. Die meisten Menschen wurden durch einen Biss in den Hals oder eine Bluttransfusion von einem Vampir ins Team aufgenommen, wenngleich einige auch einfach daran starben. Andere Völker glaubten, dass Selbstmörder,

IN MITTEL- UND SÜDAMERIKA GIBT ES DREI ARTEN VON VAMPIRFLEDERMÄUSEN. ZUM ÜBERLEBEN BRAUCHEN SIE BLUT VON ANDEREN TIEREN – ABER NUR GANZ WENIG.

Kinder, die unter einem Fluch geboren wurden, oder Menschen, die mit Hexerei experimentiert haben, zu Vampiren wurden.

Viele Vampire verfügten über besondere Fähigkeiten. Sie konnten ihre Gestalt verändern, sich in Fledermäuse oder andere Geschöpfe verwandeln oder in der Nachtluft als Nebelwirbel erscheinen. Ein Vampir konnte die Gedanken seines Opfers beeinflussen, sich mit enormer Kraft und Geschwindigkeit bewegen und besaß übernatürlich scharfe Sinne. Und fiel ein Vampir aus großer Höhe auf den Boden, stand er gleich wieder auf.

Vampirgesetze

Aber selbst Vampire hatten bestimmte Regeln zu befolgen. In vielen Legenden mussten sie in der Morgendämmerung in ihre Gräber zurückkehren, weil das Sonnenlicht für sie tödlich war. Sie konnten kein fließendes Wasser durchqueren, sich nicht im Spiegel ansehen oder ohne Aufforderung durch eine Tür gehen.

Vor allem aber mussten sie dem christlichen Kreuzzeichen und dem Knoblauch aus dem Weg gehen. Wer sich vor Vampiren fürchtete, hatte diese beiden Gegenmittel darum stets zur Hand.

Vampire töten

Ebenso viele Regeln gab es für das Töten eines Vampirs. Man konnte das Ungeheuer dem Sonnenlicht aussetzen, wo es im Handumdrehen in Flammen aufging. Man konnte ihm einen Holzpfahl durch das Herz rammen oder ihm ein Kreuz vors Gesicht halten. Besonders gut funktionierte ein glänzendes Kreuz, das gleichzeitig wie ein Spiegel wirkte. Wenn das nicht reichte, half ein Spritzer Weihwasser, mit Knoblauch gewürzt, oder notfalls eine schnelle Enthauptung. Auch Feuer war sehr gefährlich für Vampire – eine Schachtel Streichhölzer konnte Wunder wirken.

Graf Dracula

Wenn du an einen Vampir denkst, dann erscheint vor deinem geistigen Auge bestimmt das Bild von Graf Dracula aus dem Buch des Iren Bram Stoker, das 1897 erschien.

Stokers Vampir war ein eleganter Gentleman: groß und schlank, dunkelhaarig und schwarz gekleidet. Der Graf war bleich, fühlte sich kalt an und hatte zwei lange Eckzähne, mit denen er Blut saugen konnte. Er besaß die Kraft von 20 Männern und konnte seine Opfer hypnotisieren. Ganz nach Bedarf konnte er seine Gestalt verändern – in die einer Fledermaus, eines Wolfes, in feinen Nebel oder dichten Dunst. Im Gegensatz zu anderen Vampiren konnte

FLEDERMÄUSE ÜBER DER BURG VON VLAD, DEM PFÄHLER

er auch tags unterwegs sein, besaß dann aber keine übernatürlichen Kräfte. Seltsamerweise warf er nie einen Schatten.

Vlad, der Pfähler

Dracula gab es nicht wirklich – oder? Forscher meinen, dass Stoker auf den Namen seines Vampirs kam, als er sich mit den Übeltaten des rumänischen Prinzen Vlad beschäftigte. Der Prinz lebte im 15. Jahrhundert zwischen den Gipfeln und Burgrunien von Transsylvanien. Seinen Vater nannte man Dracul, was „Teufel" bedeutet, und Vlad wurde Dracula oder „Sohn des Teufels" genannt. Vlad lebte in einer Zeit stän-

NACH EINER MAHLZEIT AUS MENSCHENBLUT LEGT SICH DRACULA IN SEINEN SARG. FÜR DIESE NACHT IST SEIN HUNGER GESTILLT.

EIN BILD AUS EINEM WERWOLF-FILM VON 1973 ZEIGT DAS ERSCHRECKENDE GESICHT DER BESTIE.

diger Kriege. Menschen wurden lebendig begraben, mit glühenden Eisen geblendet oder durch Falltüren auf Nagelbretter geworfen. Vlad hatte eine besondere Spezialität: Er spießte seine Feinde auf Pfähle, die in den Boden gerammt waren. Der Anblick eines Menschen, der wie Schaschlik aufgespießt war, genügte, um andere Eindringlinge fern zu halten. Angeblich soll Vlad auch sein Brot in Menschenblut getunkt haben.

Im Licht des Vollmonds

Auch Werwölfe gehören zu den mythologischen Monstern, die ihre Gestalt verändern und noch heute jedes Kinopublikum zum Aufschreien bringen. Der Name besteht aus dem Wort „Wolf" und dem alten sächsischen Begriff für Mann, „wer". Der Legende zufolge verwandeln sich bei Vollmond manche harmlos aussehenden Personen in Wölfe. Sie besitzen die besondere Wendigkeit und Geschicklichkeit dieser Nachtjäger – und auch den starken Biss. Nach ihrer Verwandlung streifen Werwölfe durch die Nacht und verschlingen alles – von Kleinkindern bis zu Leichen. Wenn ein Werwolf stirbt, wird er wieder zum Menschen. Die einzige Waffe gegen diese

Bestien ist Silber, am besten als Pfeilspitze oder Kugel.

Werwolf-Geschichten gibt es überall auf der Welt. Wo jedoch keine Wölfe leben, herrscht die Vorstellung, dass sich solche Menschen nachts in Bären, Löwen oder Tiger verwandeln. In einer japanischen Geschichte ist sogar von einem grausigen Dachs die Rede. Die modernen Werwolf-Geschichten gehen zurück auf die griechische Mythologie. Eine dieser alten Geschichten handelt von König Lycaon, der für seine Grausamkeit bekannt war. Er versuchte den Göttern zu gefallen, indem er ihnen das Fleisch eines Kindes anbot. Die Götter waren empört und verwandelten ihn in einen Wolf.

WEB-TIPP
www.mysteryworld.de/mysterien/m-story7.html

Verpackt

Ein anderes beliebtes Filmmonster ist die Mumie. Stell dir vor, du wirst von einer riesigen, schweigenden Gestalt verfolgt, verpackt in stinkende Bandagen, die ihre Arme ausstreckt, um dich in ihr ewiges Grab zu holen. Du würdest vor Entsetzen schreien. Viele antike Völker mumifizierten ihre Toten vor dem Begräbnis. Die Ägypter beherrschten diese Technik perfekt. Die Körperflüssigkeiten und inneren Organe wurden aus dem Körper entfernt, dann wurde dieser in Leinenbandagen gewickelt und ins Grab gelegt. Eine Mumie im Museum anzusehen ist eine Sache. Eine rennende Mumie mit flatternden Bandagen ist eine andere Sache – darum sind Mumien bei Horrorfilm-Freunden auch so beliebt.

MEGAINTERESSANT

ABERGLÄUBISCHE LEUTE MEINEN, DASS DIE TITANIC UNTERGEGANGEN IST, WEIL SIE EINE MIT EINEM FLUCH BELEGTE MUMIE AN BORD HATTE. SIE BEHAUPTEN, DER UNTERGANG SEI DIE RACHE DER MUMIE DAFÜR, DASS MAN IHREN SARG GEÖFFNET HATTE.

EINE MUMIE IN EINEM MUSEUM IST NICHT HALB SO GRUSELIG WIE EINE LAUFENDE MUMIE IN EINEM HORRORFILM.

RIESEN-KERLE

Riesen sind die Größten in der Mythologie. Sie überragen die meisten anderen Monster, zeigen ihre rauen Kräfte und lassen keinen Zweifel an ihrem Riesenhunger auf Menschenfleisch. Viele Riesen sind auch ein bisschen dumm, sodass ihre Feinde eine echte Chance haben, sie zu überlisten. Es gibt zwar auch Geschichten von sanften Riesen und Riesinnen, aber meist benehmen sich diese langen Kerle, als seien sie mit dem falschen Fuß aufgestanden.

DIE NORDISCHEN EISRIESEN WOLLTEN DIE SCHÄTZE DER GÖTTER STEHLEN.

SELBST EIN RELATIV KLEINER RIESE WIE DER BIBLISCHE GOLIATH WAR STATTLICHE 3 M GROSS.

Die ersten Riesen

Riesen tauchen schon in den ältesten Mythologien auf. Viele Völker glauben, dass die ersten Bewohner der Erde Riesen waren. In der nordischen Mythologie beispielsweise heißt es, dass die Welt entstand, als sengend heiße Luft auf Eis und kalten Nebel traf. Als das Eis zu tauen begann, bildete sich aus den Tropfen das erste Wesen – ein Riese namens Ymir.

Eine Frau Ymir gab es nicht, aber irgendwie gelang es dem Riesen, auch ohne sie eine Familie zu gründen. Eines seiner Beine zeugte mit dem anderen einen Sohn. Aus seiner Armbeuge wuchsen ein männlicher und ein weiblicher Riese. Aus weiteren Wasser-tropfen entstand eine magische Kuh, von deren Milch sich die Riesen ernährten. Die Kuh leckte das restliche Eis auf und befreite damit den allerersten Gott aus seinem eisigen Gefängnis.

Entstehung der Erde

Wenn Götter auf Riesen treffen, gibt es natürlich Ärger. Den Göttern gefiel die wachsende Riesenfamilie nicht. So ermordeten sie Ymir und setzten damit einen gewaltigen Blutstrom frei, in dem die anderen Riesen ertranken – bis auf zwei. Diese beiden bauten aus Ymirs Riesenkörper die Erde. Der Schädel bildete den Himmel, sein Fleisch das Land. Das Blut füllte Flüsse und Seen, die Zähne wurden zu Felsen, die Haare zu Bäumen und das Gehirn zu Wolken. Selbst die mächtigen Augenbrauen wurden wieder verwendet und dienten fortan als Trennmauer zwischen Göttern und Riesen.

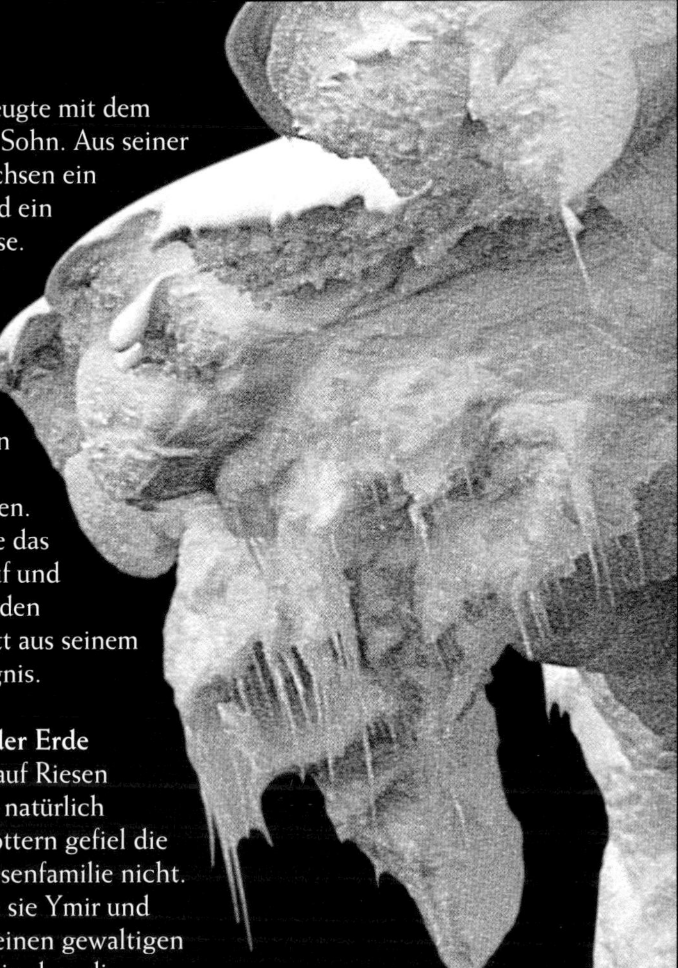

IN DEN NORDISCHEN LEGENDEN HABEN TROPFEN VON SCHMELZENDEM EIS DEN ERSTEN RIESEN YMIR GEBILDET.

Angriff der Titanen

Warum nur ein Riese, wenn man zehn oder mehr haben kann? Die Titanen waren eine Familie von zwölf Riesen in der griechischen Mythologie. Sie beherrschten die neu erschaffene Erde. Sie waren die Kinder des Uranus (des

DAS DENKMAL ZEIGT DEN OBERSTEN GOTT ZEUS, DER EINEN DER TITANEN TÖTET.

Himmels) und der Gaia (der Erdmutter). Aber Uranus war nicht der ideale Vater. Er konnte den Anblick seiner Kinder nicht ertragen – vielleicht fürchtete er ihre Größe und Kraft. So zwang er sie, tief unten auf der Erde zu leben. Gaia wollte diese ungerechte Behandlung beenden und bat ihre Kinder um Hilfe. Doch nur ihr jüngster Sohn Chronos war dazu bereit. Mit einem kräftigen Hieb einer scharfen Sichel schnitt er seinem Vater die Hoden ab und warf sie ins Meer. Dann übernahm er das Regiment auf der Erde.

Chronos heiratete später seine Schwester Rhea, aber auch er war kein Mustervater. Er fürchtete, seine Kinder könnten ihm den Thron streitig machen, und verschlang sie gleich nach der Geburt. Rhea überlistete Chronos. Sie packte einen Felsbrocken in Babykleider und Chronos schluckte diesen. So rettete sie ihren sechsten Sohn Zeus. Sie versteckte das Kind auf einer abgelegenen Insel. Als Zeus erwachsen war, zwang er seinen Vater die übrigen Kinder herauszuwürgen. Gemeinsam besiegten die Geschwister die Titanen und verbannten sie in die Unterwelt. Zeus wurde zum Herrscher des Universums.

Brutalos

Besonders hüten musste man sich vor den Zyklopen. Diese Kerle, die nur ein einzelnes Auge mitten auf der Stirn haben, tauchen in vielen griechischen Mythen auf. Anfangs waren die einäugigen Riesen die Schmiede der Götter und fertigten wundervolle Dinge wie Dreizacke und magische Helme. Wenn die Menschen einen Vulkan grollen hörten, nahmen sie an, die Zyklopen seien in ihrer unterirdischen Schmiede bei der Arbeit. War Zeus in Schwierigkeiten, konnten seine Helfer Blitze vom Himmel pflücken und auf seine Feinde werfen.

In späteren Geschichten lebten die Zyklopen in Höhlen und waren nicht mehr die Lieblinge der Götter. Sie wurden als Schafhirten mit heftigem Verlangen nach Menschenfleisch beschrieben. In einer Geschichte aus dem berühmten Epos *Odyssee* werden der Held Odysseus und seine Gefährten beim Erkunden einer Höhle von einem Zyklopen gefangen, indem dieser einen Stein vor den Eingang rollt. Der Zyklop frisst einige der Männer auf, aber Odysseus macht das Monster betrunken und macht ihm weis, sein Name sei Niemand. Später blendet er den Riesen mit einem glühenden Eisen. Der Zyklop rennt blind herum und schreit: „Niemand hat mich verletzt!" Natürlich kommt keine Hilfe und so kann der Held mit seinen Gefährten entkommen.

Frauenpower
Im alten Irland gab es viele Riesinnen. Eine von ihnen war so groß, dass sie einen Fuß ans linke Ufer eines Flusses stellen konnte und den anderen Fuß ans rechte. Nach der Riesin Eriu erhielt die Insel ihren irischen Namen Eire.

Germanische Legenden erzählen von der Riesin Harthgrepa, die sich durch Zauberei vergrößern oder verkleinern konnte. Und in den Wäldern der amerikanischen Pazifikküste haust eine besonders unfreundliche Riesin namens Tsonokwa. Wenn sie dich zum Essen einlädt, solltest du nicht hingehen, weil du selbst auf dem Speiseplan stehst.

WEB-TIPP
www.mythologica.de/titanen.htm

SCHÖNE TRIFFT BIEST – IN DIESEM FALL DEN GRÜNEN RIESEN AUS DEM FILM *SHREK*.

DER LEGENDE ZUFOLGE SCHUF PAUL BUNYAN DEN GRAND CANYON, ALS ER SEINE MÄCHTIGE AXT HINTER SICH HER ZOG.

Die Legende erzählt, dass Tsonokwa mit einem Korb auf dem Rücken die Wälder durchstreift und Kinder zum Essen sammelt.

Die größte Riesin ist wahrscheinlich die nordische Skadi, die ein Boot voller Männer mit einer Hand anheben konnte. Sie fuhr gern auf riesigen Skiern durch die Berge.

Jack, der Riesentöter

Gefräßige, dumme Riesen stapfen durch viele Märchen. Berühmt wurde eine dieser alten Geschichten aus Cornwall, die von dem erstaunlichen Bauernjungen Jack handelt. Der erste Riese,

EINE MASKE VON TSONOKWA, DER WILDEN FRAU AUS DEN WÄLDERN, DIE ZUM MITTAGESSEN KINDER AUF HEISSEN STEINEN BRIET.

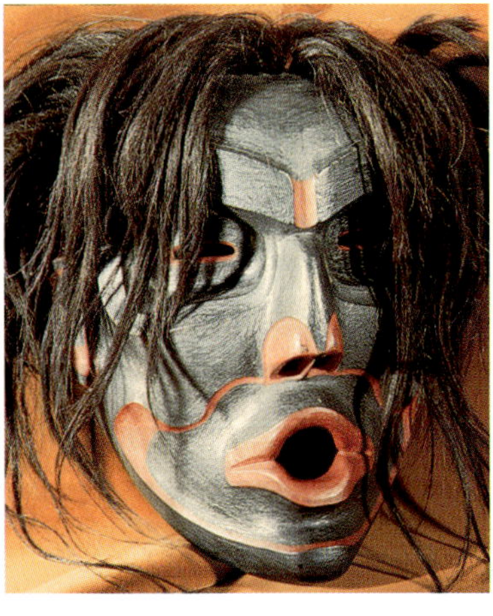

MEGAINTERESSANT
PAUL BUNYAN HATTE EINE BRATPFANNE, DIE SO GROSS WAR, DASS MAN VON EINEM RAND NICHT ZUM ANDEREN SEHEN KONNTE. UM SIE ZU FETTEN, BANDEN 50 MÄNNER SPECK AN IHRE FÜSSE UND RUTSCHTEN DARIN HERUM.

den er überlistete, war sieben Meter groß, hatte rote Haare und wilde Augen und war so dick, dass man zehn Minuten brauchte, um ihn zu umrunden. Der nächste Riese fraß jeden Morgen eine Badewanne voll Hafergrütze. Jacks drittes Opfer hatte zwei hässliche Köpfe. Zum Glück waren sie nicht sehr klug. So besiegte Jack im Lauf der Zeit verschiedene Riesen und lebte danach glücklich für alle Zeiten.

Sanfter Riese

Nicht alle Riesen sind furchtbare Ungeheuer. Nordamerikanische Holzfäller erzählten sich abends am Feuer vergnügliche Geschichten von ihrem riesigen Berufskollegen Paul Bunyan. Es heißt, dass fünf Störche Überstunden machen mussten, um das Riesenbaby zu liefern. Mit einer Woche trug Paul schon die Kleider seines Vaters.

Als Paul so groß war, dass er Wagenräder als Knöpfe benutzen musste, zog er vom Haus der Familie um auf ein Floß auf einem See. Mit der kleinsten Bewegung verursachte er gewaltige Wellen, die Boote zum Kentern brachten. Sein Kinderspielzeug waren Äxte. Als er heranwuchs, wurde er Holzfäller und arbeitete mit anderen großen Männern aus der Gegend zusammen. Sein bester Freund war Babe, ein riesiger blauer Ochse. Babe war so groß, dass ein Vogel einen ganzen Tag brauchte, um von einem Horn zum anderen zu fliegen. Paul und Babe zogen durch das Land und hinterließen eine Spur aus eindrucksvollen Geschichten (und mächtigen Fußabdrücken).

DAS KLEINE VOLK

Es ist ein Irrtum, dass alle Feen und Elfen freundlich sind. In Märchen aus aller Welt zeigen sie sich auch von ihrer hinterhältigen Seite. Diese Mini-Monster können hilfsbereit, aber auch gemein sein. Gute und böse Feen lieben es, die Menschen zu überraschen, zu necken und ihnen Streiche zu spielen. Manchmal bringen sie ihre Opfer dabei in große Gefahr.

MANCHE ELFEN SIND FREUNDLICH, ABER UNZUVERLÄSSIG. ANDERE SPIELEN IHRER UMGEBUNG GERN STREICHE.

Die Welt ist klein

Um Elfen kennen zu lernen, muss man sie zuerst einmal finden. Das ist nicht immer einfach, weil sich viele, etwa die in Shakespeares Sommernachtstraum, unsichtbar machen können. Am besten hältst du zuerst am Boden nach ihnen Ausschau. Die meisten Elfen sehen aus wie Menschen, sind aber viel kleiner. Manche sind hübsch und haben hauchfeine Flügel,

MEGAINTERESSANT
DIE SPRACHWISSENSCHAFT FÜHRT DAS WORT FEE AUF DAS LATEINISCHE „FATUM" ZURÜCK, WAS „VERHÄNGNIS", „SCHICKSAL" ODER „WEISSAGUNG" BEDEUTEN KANN.

WEB-TIPP
www.mythenpage.de/initpage.html

andere haben schrumpelige Köpfe und einen Buckel. Man muss auch die Feen und Elfen von den Nixen unterscheiden, die im oder am Wasser leben und viele Gemeinheiten im Sinn haben.

Elfen lieben die Natur. Sie wohnen in Höhlen oder hohlen Bäumen, zwischen Blättern und Blüten oder unter Wasserfällen. Manche leben allein, andere wohnen im Elfenland, einem magischen Reich, über das ein König und eine Königin regieren.

ELFEN KÖNNEN SICH JEDERZEIT UNSICHTBAR MACHEN.

Mini-Bestien
Berühmte Figuren aus der nordischen Märchenwelt sind die Trolle. Man erkennt sie an ihren spitzen Ohren und dem etwas boshaften Wesen. Viele Volksmärchen erzählen aber auch von guten Elfen, die durch die Luft fliegen, im Morgentau tanzen oder aus dem Geäst der Bäume herabschauen. Viele dieser kleinen Wesen behandeln die Menschen freundlich und hilfsbereit.

Auch Heinzelmännchen gehören zum kleinen Volk. Sie haben schöne, dunkle Augen und sehr geschickte Finger. Meist leben sie bei einer Familie und packen im Haushalt mit an. Artige Kinder können sie sehen. Erwachsene, die nicht an sie glauben, bekommen sie niemals

BEI SHAKESPEARE IST MAGIE IM SPIEL, WENN DIE ELFENKÖNIGIN SICH IN EINEN ESEL VERLIEBT.

DAS BILD AUS *DER HERR DER RINGE* ZEIGT DEN MUTIGEN ELFEN LEGOLAS, DER GERADE EIN ZIEL ANPEILT. ELFEN SEHEN DEN MENSCHEN BESONDERS ÄHNLICH.

zu Gesicht. Solche hilfreichen Hausgeister tauchen in den Märchen vieler Völker auf.

Böse Elfen

Nicht alle Elfen sind hübsch und hilfsbereit. Manche haben ihre Freude daran, den Menschen Schwierigkeiten zu bereiten. In der nordischen Mythologie nennt man die bösen Elfen Swartalfar. Sie sind der Nachwuchs der Maden, die das Fleisch des Riesen Ymir gefressen haben. Sie leben tief unter der Erde und kommen nie ans Tageslicht, weil sie dort sofort versteinern würden.

Das schottische Volk erzählt sich vom Nuckelavee, dem gemeinsten Elf, den man sich vorstellen kann. Er hatte ein einziges, feurig umrahmtes Auge, Arme bis zu den Fußknöcheln und einen Kopf in der Größe einer Wassermelone. Haut besaß das scheußliche Wesen nicht. Man konnte das schwarze Blut in den Adern pulsieren sehen. Zum Glück hatte dieser Elf auch eine Schwäche: Er fürchtete sich vor fließendem Wasser. Um ihm zu entkommen, musste man also nur über den nächstbesten Bach springen.

Kauzige Kobolde

Kobolde sind kleine Elfenwesen, die gern in Wassernähe leben und mit größtem Vergnügen Unruhe stiften. Oft sind es aber eher harmlose Späße: Sie stibitzen Nahrungsmittel, verstecken Haushaltsgegenstände oder stoßen Blumenvasen um. In russischen Volksmärchen gibt es den Kobold Igosha, der zwar keine Hände hat, aber jede Menge Tricks im Ärmel. Um Igosha von seinem Unsinn abzuhalten, muss man am Tisch einen Platz für ihn decken.

Auch andere Kobolde haben Übles im Sinn. Die Nixen, Wasserwesen aus nordischen Märchen, wollen ihre Opfer stets ins Wasser – und damit oft in den Tod – locken. Zum Glück sind Nixen leicht zu erkennen: Die Säume ihrer Kleider sind immer nass.

In irischen Märchen trifft man magische kleine Wesen namens Leprechaun. Diese lustigen Kerle tragen oft altmodische Schuhe und eine Schürze. Tagsüber fertigen sie für die anderen Feen und Elfen Schuhe an. Nachts veranstalten sie wilde Feste, die oft mit einem Ritt auf dem Familienhund enden. Viele Leute glauben, dass die Leprechaun einen Topf mit Gold bewachen, den man sich leicht holen kann. Man muss nur zuerst die Leprechaun erwischen.

WER GLÜCK HAT, KANN SICH EINEN LEPRECHAUN SCHNAPPEN UND SO SEIN GOLD ERGATTERN.

Gemeine Goblins

Zum kleinen Volk gehören auch die Goblins, mit denen die freundlicheren Elfen überhaupt nichts zu tun haben wollen. Goblins sind gedrungene, hässliche Gestalten, die zwischen Baumwurzeln und in bemoosten Felsspalten leben. Es heißt, dass das Grinsen eines Goblins ausreicht, um Blut gerinnen zu lassen. Und sein Lachen macht Milch sauer. Zum harmloseren Schabernack der Goblins gehört das Verdrehen von Wegweisern. Sie können auch Menschen verletzen, allerdings selten töten.

Der skandinavische Goblin Mara holt die Menschen nachts aus ihren Betten und raubt ihnen die Fähigkeit zu gehen und zu sprechen. Der Erlkönig ist ein deutscher Verwandter, der Wanderer – vor allem Kinder – in die Tiefe der Wälder lockt, wo sie oft umkommen.

Nicht ganz so gemein sind die Gnome, die mit den Goblins verwandt sind. Sie leben unter der Erde und bewachen ihre Schätze.

Zottelzwerge

Zwerge sind etwa halb so groß wie wir Menschen. Sie haben stämmige, behaarte Körper und lange Bärte. In vielen Märchen leben sie in Höhlen unter der Erde und arbeiten meist in Bergwerken, wo sie alle möglichen Bodenschätze in ihre Kiepen laden.

In fast allen Märchen haben sie wegen ihrer Handwerkskunst einen guten Ruf. Was sie herstellen – ob magischer Ring oder riesiger Hammer –, besitzt oft Zauberkräfte. Der nordische Zwerg Alvis schmiedete Waffen, mit denen die Götter unbesiegbar waren. Und der germanische Zwerg Dvalin webte Perücken aus Gold.

Teuflische Trolle

Wer das Märchenreich besucht, sollte sich unbedingt vor den Trollen hüten. Eine Begegnung

EIN FILM-GOBLIN. MIT SEINEM RUNZELIGEN GESICHT IST ER DAS HÄSSLICHSTE WESEN IM KLEINEN VOLK.

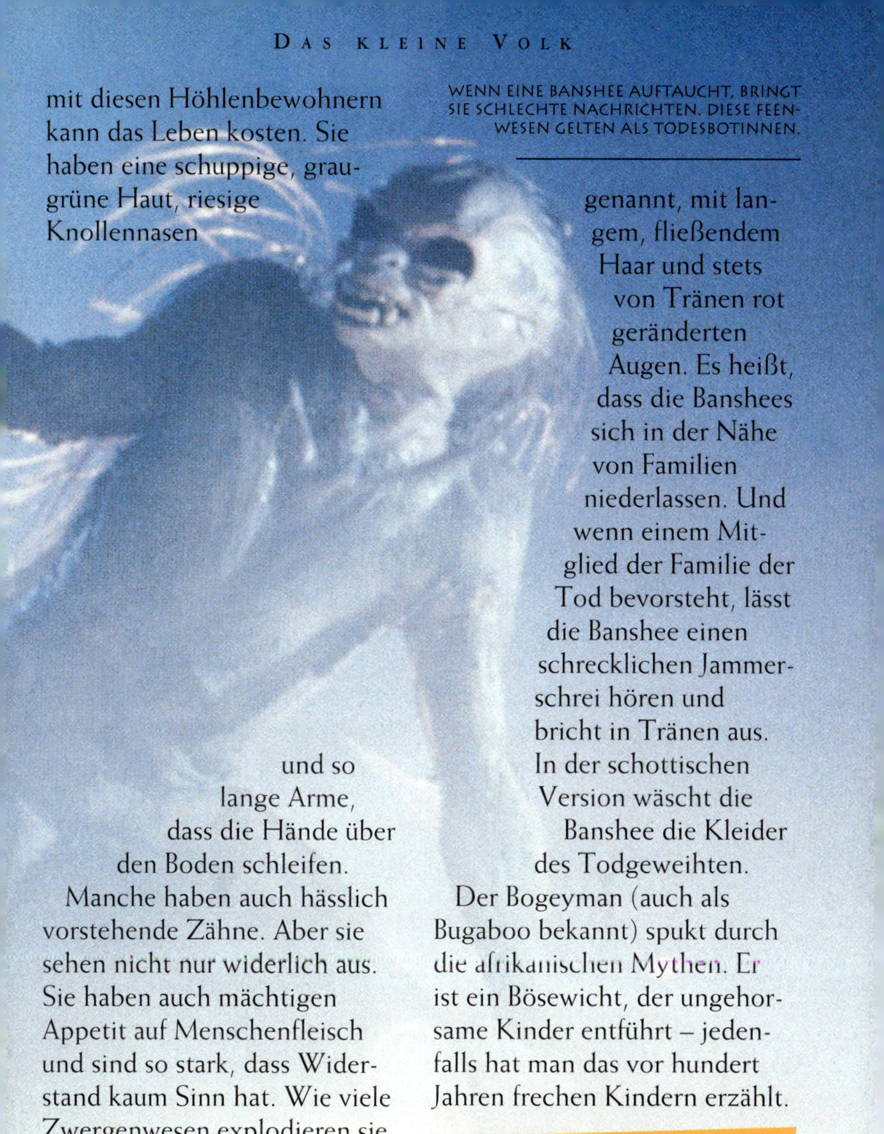

WENN EINE BANSHEE AUFTAUCHT, BRINGT SIE SCHLECHTE NACHRICHTEN. DIESE FEENWESEN GELTEN ALS TODESBOTINNEN.

mit diesen Höhlenbewohnern kann das Leben kosten. Sie haben eine schuppige, graugrüne Haut, riesige Knollennasen und so lange Arme, dass die Hände über den Boden schleifen.

Manche haben auch hässlich vorstehende Zähne. Aber sie sehen nicht nur widerlich aus. Sie haben auch mächtigen Appetit auf Menschenfleisch und sind so stark, dass Widerstand kaum Sinn hat. Wie viele Zwergenwesen explodieren sie, sobald der feinste Sonnenstrahl sie trifft.

Banshees und Bogeymen

Auch Unglücksboten hausen im Reich des kleinen Volkes. In Irland erzählt man sich von weiblichen Wesen, Banshees genannt, mit langem, fließendem Haar und stets von Tränen rot geränderten Augen. Es heißt, dass die Banshees sich in der Nähe von Familien niederlassen. Und wenn einem Mitglied der Familie der Tod bevorsteht, lässt die Banshee einen schrecklichen Jammerschrei hören und bricht in Tränen aus. In der schottischen Version wäscht die Banshee die Kleider des Todgeweihten.

Der Bogeyman (auch als Bugaboo bekannt) spukt durch die afrikanischen Mythen. Er ist ein Bösewicht, der ungehorsame Kinder entführt – jedenfalls hat man das vor hundert Jahren frechen Kindern erzählt.

MEGAINTERESSANT

UM BÖSE ZAUBERWESEN FERN ZU HALTEN, BESTREUTE MAN SICH FRÜHER MIT HAFERFLOCKEN ODER TRUG WELCHE IN DER TASCHE MIT SICH HERUM.

HEXENZAUBER

Hexen mit ihrem brodelnden Kessel voll Fledermäusen und Kröten können jede Menge Ärger verursachen. In der Märchenwelt sind sie die unbestrittenen Expertinnen der Magie. Sie können Dinge geschehen lassen und Ereignisse zum Guten oder Bösen wenden. Manchmal versprühen sie einen guten Zauber, in den meisten Fällen haben sie aber Übles im Sinn.

Magische Kräfte

Wir stellen uns Hexen meist als runzlige Alte mit Hakennase, fauligen Zähnen und Warzen am Kinn vor. Zauberer sind weißhaarige Männer mit stechendem Blick und fließenden Gewändern. In der Mythologie sehen Hexen jedoch oft wie ganz normale Menschen aus. Es sind nur die magischen Kräfte, durch die sie sich von uns unterscheiden.

Hexerei oder Zauberei nennen wir die Fähigkeit, durch Magie Menschen oder Ereignisse zu beeinflussen. Seit Urzeiten glauben die Menschen an Magie und benutzen „magische" Tricks, um etwa für eine erfolgreiche Jagd oder eine gute Ernte zu sorgen. In vielen Kulturen werden Menschen, die magische Fähigkeiten haben, als weise betrachtet. Andere halten Hexerei für eine finstere Kunst.

HEXEN ZAUBERN VOR ALLEM ZUR GEISTERSTUNDE – UM MITTERNACHT.

Allerlei Magier

Die Meister und Meisterinnen der Magie tragen verschiedene Namen wie z. B. Hexe, Schamane, Medizinmann.

Wenn wir das Wort „Hexe" hören, denken wir zuerst an eine boshafte Person.

DIE TYPISCHE BÖSE HEXE HAT EIN SPITZES KINN UND EINE HAKENNASE. MIT IHREM SCHWARZEN KATER FLIEGT SIE AUF DEM BESEN DURCH DIE LUFT.

WEB-TIPP
www.allmystery.de/fabelwesen/hexen/hexen.shtml

Ist das einmal nicht der Fall, reden wir von einer Magierin, einer Zauberin oder ausdrücklich einer „guten Hexe". Vielleicht liegt das an der Abstammung des Begriffs von dem altdeutschen Wort „hagetisse", das „gespenstisches Wesen" bedeutet. Die meisten Hexen sind weiblich, gelegentlich begegnet man aber auch männlichen Magiern, Zauberern oder Hexenmeistern. Manche Hexen und Zauberer haben ihre besonderen Fähigkeiten von ihren Eltern gelernt, andere (wie die Romanfigur Harry Potter) gehen auf Schulen, wo sie von erfahrenen Hexenmeistern unterrichtet werden.

Himmelhoch

Eine der besonderen Fähigkeiten von Hexen ist das Fliegen. Manche können es

MEGAINTERESSANT

EINE PHILIPPINISCHE LEGENDE ERZÄHLT VON EINER HEXE, DIE SICH BEI VOLLMOND IN ZWEI HÄLFTEN TEILT. DIE OBERE HÄLFTE BEKOMMT FLÜGEL UND FLIEGT UMHER, WÄHREND DIE UNTERE EINFACH DASITZT UND WARTET.

HEXEN UND MAGIER BEHAUPTEN, DASS SIE BESONDERE FÄHIGKEITEN HABEN UND IN DIE VERGANGENHEIT ODER IN DIE ZUKUNFT SEHEN KÖNNEN.

Megainteressant

Im Mittelalter wurden viele Katzen getötet, weil die Menschen meinten, sie seien mit bösen Hexen verbündet. Noch heute zucken manche Leute zusammen, wenn eine schwarze Katze ihren Weg kreuzt.

ganz ohne Hilfsmittel, andere benötigen dazu einen Besen, ein Gartenwerkzeug wie eine Harke oder einen Spaten oder auch ein magisches Tier. Baba Yaga ist eine Hexe aus der russischen Märchenwelt, die mit einem Mörser samt Stößel aus der Küche durch den Himmel saust. Wenn sie ihren Willen nicht bekommt, wird sie garstig und droht jeden aufzufressen, der sich ihr widersetzt.

Verwandlungen

Viele Hexen und Zauberer können sich verwandeln. Sie nehmen die Gestalt eines Tieres an, um ihren Geschäften im Geheimen nachgehen zu können.

Manche Hexen haben auch „Haustiere". Das sind Geister, die meist die Gestalt von Tieren haben, etwa einer Katze (bevorzugt schwarz), einer Kröte, Schlange, Maus oder Eule. Die meisten Hexen verwandeln sich bei Bedarf in Haustiere, es gibt aber auch erstaunliche Ausnahmen. In afrikanischen Legenden geistern magische Personen als Leoparden herum, im alten Ägypten wurden sie zu Hyänen.

Dagegen kann sich die finnische Hexe Louhi in einen Adler verwandeln, der unter seinen Flügeln hundert Schwertkämpfer und auf dem Schwanz tausend Bogenschützen trägt. Und dann gibt es noch die Skinwalker der Navajo. Diese Indianer-Magier sind so Furcht erregend, dass man nicht einmal ihren Namen aussprechen darf. Sie verwandeln sich in Wölfe, Bären oder Kojoten und nutzen die besonderen Charaktereigenschaften des jeweiligen Tieres, um ihre üblen Vorhaben durchzuführen.

ZAUBERLEHRLING HARRY POTTER LERNT IN DER ZAUBERSCHULE HOGWARTS MAGIE UND ZAUBERSPRÜCHE ANZUWENDEN, UM DAS BÖSE ZU BEKÄMPFEN.

Spruchformeln

Eine weitere Fähigkeit von Magiern ist das Anwenden von Zaubersprüchen. So ein Spruch ist eine Art Rezept für eine

VOM 15. BIS 18. JAHRHUNDERT WURDEN MENSCHEN, DIE MAN FÜR HEXEN HIELT, VOR GERICHT GESTELLT.

besondere Art von Zauber. Er kann kurz und einfach oder lang und kompliziert sein. Oft müssen bestimmte Worte wiederholt oder Bewegungen ausgeführt werden. Manchmal werden auch Pulver oder Tränke mit magischer Wirkung angerührt. Für diese Zwecke haben Hexen und Magier ein Sortiment magischer Utensilien, darunter Zauberstab, Besen, Kessel und Kelche. Es gibt gute Zaubersprüche, die heilen und schützen, Geld oder Liebe bringen. In der Mythologie trifft man aber viel öfter auf böse Zaubersprüche.

Durchgedreht

Die griechische Mythologie erzählt von Medea, einer Zauberin, die mit dem Helden Jason verheiratet war. Als Jason sie wegen einer anderen Frau verließ, geriet Medea völlig außer sich. Sie gab der neuen Braut eine vergiftete Krone und ein Hochzeitskleid, das sie (und ihren Vater, der sie retten wollte) zu Asche verbrannte. Dann floh Medea in einer von Drachen gezogenen Kutsche.

Todeshexen

Viele Hexen werden mit dem Tod in Verbindung gebracht. Hekate, eine griechische Hexe, lauerte nachts an Wegkreuzungen. Weil sie drei Köpfe hatte, sah sie jeden, der sich näherte. Die Menschen hatten große Angst vor ihr und opferten ihr Lämmer und junge Hunde, um sie bei guter Laune zu halten.

Die Seele des russischen Zauberers Koshchei, des Unsterblichen, war in einem Ei, einer Ente und einem Kaninchen versteckt und unter einem Baum auf einer Insel vergraben. Auf der Suche nach Mädchen, die er verführen könnte, ritt Koshchei umher. Eines seiner Opfer fand sein Geheimnis heraus und verriet es einem Helden, der das Ei fand und dem Unsterblichen den Tod brachte. Allerdings erwachte der Magier später wieder zum Leben.

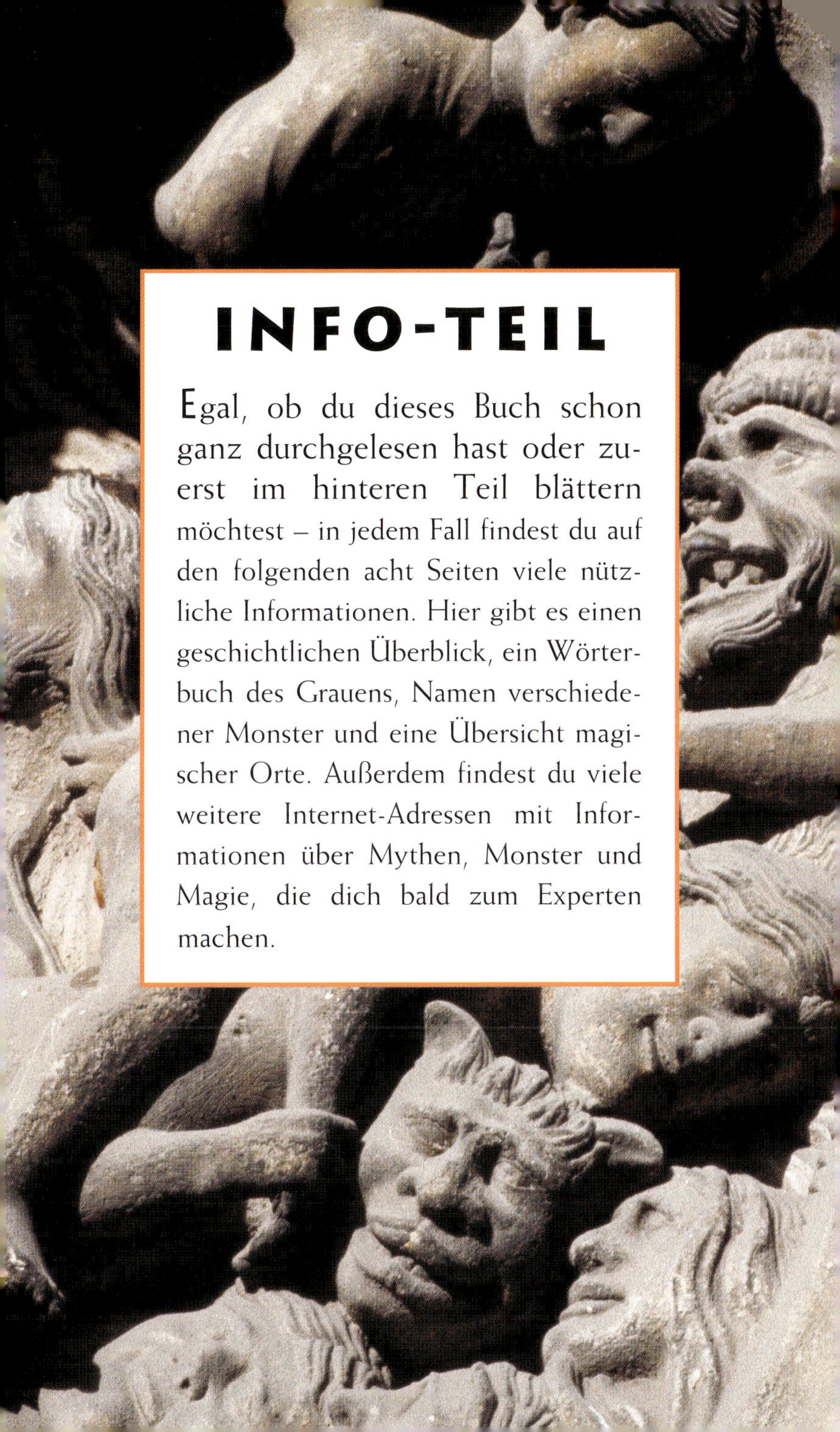

INFO-TEIL

Egal, ob du dieses Buch schon ganz durchgelesen hast oder zuerst im hinteren Teil blättern möchtest – in jedem Fall findest du auf den folgenden acht Seiten viele nützliche Informationen. Hier gibt es einen geschichtlichen Überblick, ein Wörterbuch des Grauens, Namen verschiedener Monster und eine Übersicht magischer Orte. Außerdem findest du viele weitere Internet-Adressen mit Informationen über Mythen, Monster und Magie, die dich bald zum Experten machen.

Mythen- und Monster-Daten

ca. 40000 v. Chr.
Die Aborigines, die Ureinwohner Australiens, erzählen und singen die heiligen Geschichten ihres Ursprungs.

ca. 30000 v. Chr.
Die frühen Völker Afrikas malen Bilder auf Höhlenwände, die vermutlich von der Mythologie der verschiedenen Stämme erzählen.

ca. 10000 v. Chr.
Die Inuit in Nordamerika malen Bilder aus ihrer Mythologie auf Seehund-Häute.

ab ca. 5000 v. Chr.
Die Sumerer, die im Süden des heutigen Irak lebten, entwickeln eine umfangreiche Mythologie. Um 3500 v. Chr. haben sie die Keilschrift entwickelt. Mit diesen Schriftzeichen schreiben sie ihre Geschichten von Göttern und Helden auf.

3100 v. Chr.
Der ägyptische König fügt Ober- und Unterägypten zu einem Reich zusammen. Das vereinte Volk beginnt seine Mythen zu sammeln und zu ordnen. Zur gleichen Zeit entwickelt sich die Hieroglyphenschrift (Bilderschrift). Manche Hieroglyphentexte erzählen die Geschichte der ägyptischen Götter.

2000 v. Chr.
Das mesopotamische Reich am Persischen Golf entwickelt eine Mythologie mit vielen Göttern. Zur gleichen Zeit beginnt in China die Shang-Dynastie. Die Chinesen verehren die Vorfahren ihres Kaisers als Götter.

1500 v. Chr.
In Indien entwickelt sich ein Göttersystem, dessen Geschichte in Gedichtsammlungen, den so genannten Veden, überliefert wird. Die ersten Veden wurden vermutlich um 900 v. Chr. aufgeschrieben.

1400–1200 v. Chr.
Das Volk von Mykene im heutigen Griechenland fertigt Statuen seiner Götter an.

700 v. Chr.
Drei große Gedichtsammlungen fassen die griechische Mythologie zusammen: die *Theogonie* von Hesiod sowie die *Ilias* und die *Odyssee* von Homer. Zur gleichen Zeit treten die Römer in Kontakt zu den Griechen. Einige der griechischen Götter und ihre Taten finden Eingang in die römischen Mythen.

500 v. Chr.
Keltische Stämme besiedeln die Britischen Inseln, vor allem Irland. Sie bringen mündlich überlieferte Mythen mit. Später schreiben irische Mönche diese Mythen auf.

200 v. Chr.
Der römische Dichter Vergil schreibt ein Epos namens *Aeneas*, in dem die griechische und die römische Mythologie verknüpft werden.

ca. 1000 n. Chr.
Aus dieser Zeit stammt das einzige erhaltene Manuskript des Epos *Beowulf*, das erstmals im 8. Jahrhundert von einem unbekannten Autor niedergeschrieben wurde. Vor der Niederschrift wurde das Gedicht rezitiert oder gesungen.

1200
Die *Edda*, eine Sammlung nordischer Mythologie mit Geschichten über Götter und Helden, wird aufge-

schrieben. In Deutschland wird das Nibelungenlied schriftlich festgehalten.

1300
Die Azteken in Mexiko entwickeln eine komplizierte Mythologie, die Götter aus älteren Zivilisationen und auch Götter besiegter Völker umfasst. Auf den Osterinseln werden geheimnisvolle, riesige Köpfe aufgestellt.

1403–1409
Das erste Nachschlagewerk, Yongle dadian genannt, wird in China zusammengetragen. Es enthält auch Informationen über die Mythologie.

1818
Mary Shelley veröffentlicht ihren Roman *Frankenstein* in London.

1855
Thomas Bulfinch veröffentlicht eine Sammlung der Mythologien, *The Age of Fable*, die später als *Bulfinch-Mythologie* weltberühmt wurde.

1886
Robert Louis Stevenson veröffentlicht *Dr. Jekyll und Mr. Hyde*.

1897
Bram Stokers klassischer Vampirroman *Dracula* erscheint.

1920
Der legendäre Schauspieler John Barrymore erweckt die Geschichte von Dr. Jekyll und Mr. Hyde auf der Kinoleinwand zum Leben.

1921
In einer Zeitung erscheint der erste Bericht über den Yeti.

1922
Der Vampir-Stummfilm *Nosferatu* kommt in die Kinos.

1931
Boris Karloff spielt das Monster in der Verfilmung von *Frankenstein*.

1954
Der 3-D-Film *Der Schrecken vom Amazonas* begeistert das Publikum.

1963
In einer Filmversion von *Jason und die Argonauten* bekämpft der Held mythologische Monster.

1967
Zwei Amateurfilmer machen bei Bluff Creek in Kalifornien Aufnahmen von Bigfoot. Bis heute ist unklar, ob der Film eine Fälschung ist.

1971
Loch Ness in Schottland wird mit Sonargeräten nach dem Seeungeheuer Nessie durchsucht.

1981
Der Film *American Werewolf in London* verbindet Horror und Komödie.

1992
Eine Neuverfilmung von Bram Stokers *Dracula* kommt in die Kinos.

1993
Anne Rice veröffentlicht den ersten Band ihrer Chroniken mit dem Titel *Interview mit einem Vampir*.

1998
J. K. Rowling veröffentlicht den Roman *Harry Potter und der Stein der Weisen*.

1999
Der Film *Die Mumie* lehrt Kinogänger das Gruseln.

2001
Die Komödie *Die Monster-AG* hat großen Erfolg in den Kinos. Im gleichen Jahr produziert Dreamworks SKG den Film *Shrek* über einen bösen Riesen, der gut wird. Am 19. Dezember hat die Verfilmung des ersten Teils von Tolkiens *Der Herr der Ringe* Weltpremiere.

GLOSSAR

Cerberus
In der griechischen Mythologie der dreiköpfige Hund, der das Reich der Toten bewacht.

Flossen
Die flachen Gliedmaßen, mit denen sich Wassertiere fortbewegen.

Fluch
Das Anrufen übernatürlicher Mächte, um anderen zu schaden.

Held
In der Mythologie eine besonders starke und mutige Person, die sich durch ihr Handeln die Anerkennung der Menschen – und oft auch der Götter – erwirbt.

Herakles
Auch Herkules genannt. Ein bekannter Held der griechischen Mythologie, der zwölf Prüfungen bestehen musste, um in den Olymp zu den Göttern aufgenommen zu werden.

Hexe
Eine Frau, die magische Kräfte besitzt und diese oft einsetzt, um Unheil anzurichten.

Hexenmeister
Ein Zauberer mit besonders großem Wissen, das er oft als Lehrmeister an Zauberlehrlinge weitergibt.

Hexerei
Die Kunst, durch Magie Menschen und Vorgänge zu beeinflussen oder übernatürliche Kräfte zu kontrollieren.

Kannibale
Eine Person, die Menschen frisst.

Labyrinth
Ein komplizierter Irrgarten.

Legende
Erzählung, die mündlich weitergegeben wird, aber nicht wahr sein muss.

Magie
Die Kunst, die Kräfte der Natur zu beherrschen.

Meerjungfrau
Ein Fantasiewesen mit dem Kopf und Oberkörper einer Frau und dem Schwanz eines Fisches.

Mittelalter
Die Zeit zwischen 500 und 1500 n. Chr.

Monster
Ein meist scheußliches Fantasiewesen, das es nur in der Fantasie gibt.

Mumie
Mit speziellen Techniken haltbar gemachter Toter.

Mythologie
Die Sammlung der Mythen eines bestimmten Volkes oder einer bestimmten Kultur.

Mythos
Eine Geschichte, die oft von übernatürlichen Wesen handelt und mit deren Hilfe sich frühe Völker Dinge zu erklären versuchten, die sie nicht verstanden.

Nektar
In der griechischen Mythologie das Getränk der Götter.

Nibelungenlied
Ein deutsches Epos, das um 1200 n. Chr. entstand und die Geschichte des Helden Siegfried erzählt.

Opfern
Das Töten eines Menschen oder Tieres, um den Göttern zu gefallen.

Pfählen
Aufspießen eines Opfers auf einen dicken, hölzernen Pfahl.

Prophezeiung
Vorhersage zukünftiger Ereignisse.

Riese
Ein enorm großes Wesen.
Sage
Eine mündlich, später auch schriftlich überlieferte Heldengeschichte.
Schamane
Religiöser Führer bei einigen amerikanischen Indianerstämmen. Oft ist er zugleich auch ein Heiler.
Teufel
In Mythologie und Religion eine Figur, die das Böse verkörpert.
Übermenschlich
Kräfte oder Fähigkeiten, die ein normaler Mensch nicht haben könnte.
Übernatürlich
Dinge oder Vorgänge, die sich wissenschaftlich nicht erklären lassen.
Unterwelt
In der Mythologie das Reich der Toten, das meist unter der Erde liegt.
Untote
Tote, die wieder lebendig werden.
Vampir
Ein Untoter, der nachts aus dem Grab steigt, um sich vom Blut lebender Menschen zu ernähren.
Zauberspruch
Eine Formel, die magische Kraft haben soll.

VIELE MONSTER, VIELE NAMEN

Monster und mythologische Wesen haben, je nach ihrer Herkunft, verschiedene Namen. Diese Liste hilft dir sie richtig einzuordnen.

Bigfoot
Sasquatch (Kanada), Yahoo, Yowie (Australien), Almas (Russland)
Drache
Feuerdrache, Lindwurm, Wurm, Ungeheuer, Drakon (Griechenland), Draco (Lateinisch), Lung (China), Draak (Niederlande), Smok (Polen).
Einhorn
Ki-lin (China), Kirin (Japan).
Hexe/Hexer
Zauberer/Zauberin, Magier/Magierin, Seher/Seherin, Schamane/Schamanin, Medizinmann/Medizinfrau, Wihunga (amerikanische Ureinwoher), Wu (China).
Kleines Volk
Feen, Elfen, Zwerge, Heinzelmännchen, Nixen, Wassermänner, Gremlins, Trolle, Goblins, Kobolde.
Meerjungfrau
Ningyo (Japan), Aino (Finnland), Kaala (Hawaii), Nixe (Deutschland), Rusalka (Russland), Aspara (Indien).
Vampir
Nosferatu (Rumänien), Eretica (Russland), Rakshasa (Indien), Kuang-shi (China), Langsuir (Malaysia), Jaracacas (Brasilien), Kasha (Japan)
Werwolf
Limikkin (amerikanische Indianer), Wendigo (Kanada), Nahaul (Mexiko), Lang Ren (China), Vrykolaka (Griechenland).
Yeti
Schneemensch, Kachenjunga-Dämon, Dzu-teh, Teh-Ima, Mi-teh (Tibet).

BETRUG UND IRRTUM

Viele wilde Geschichten über so genannte Monster sind in der Fantasie von Menschen entstanden und nie bewiesen worden. Manchmal hatten diese Geschichten ihren Ursprung in Betrügereien oder Späßen, manchmal auch in Irrtümern.

Bestie von Gévaudan
Gévaudan, Frankreich, um 1760
Im Jahre 1764 tötete in den Bergen des südlichen Zentralfrankreich ein wolfsähnliches Wesen 60 Männer, Frauen und Kinder. Der König schickte Truppen in das Gebiet. 1767 konnte die Bestie endlich erschossen werden. Für den Fall, dass sie es mit einem Werwolf zu tun hatten, verwendeten die Jäger Silberkugeln. Das tote Tier wurde an einem geheimen Ort begraben. 1997 studierte ein Mitarbeiter eines Pariser Museums den Arztbericht aus jener Zeit und kam zu dem Schluss, dass es sich um eine Streifenhyäne gehandelt haben muss.

Fidschi-Meerjungfrau
New York City, USA, 1842
1842 traf in New York City ein merkwürdiger Arzt aus England ein, der den präparierten Körper einer Meerjungfrau bei sich trug. Er gab an, er habe ihn in Südamerika gekauft. Als der Zirkusdirektor P.T. Barnum den Doktor und sein sonderbares Stück landesweit in seinen Vorstellungen präsentierte, lockten seine Plakate mit der wunderschönen Meerjungfrau viele Zuschauer an. Natürlich war der „Doktor" ein Freund von Barnum, der eigens für diese Attraktion angeheuert worden war. Und die „Meerjungfrau" war ein toter Affenoberkörper, der an einen Fisch genäht worden war.

Elfen von Cottingley
West Yorkshire, England, 1917
Als sich die neunjährige Frances Griffiths und ihr Cousin eine Kamera ausliehen, um Elfen zu fotografieren, machte sich niemand Gedanken. Als die Fotos aber entwickelt waren, sah man Frances umgeben von winzigen Gestalten. Die Fotos wurden an Sir Arthur Conan Doyle geschickt (den Autor von *Sherlock Holmes*), der sie veröffentlichte und schrieb, es gäbe tatsächlich Elfen. Experten erklärten die Fotos für echt. In den 1980-er Jahren gab Frances jedoch zu, dass es ein Spaß war. Sie hatten die Elfen aus Papier ausgeschnitten und mit Hutnadeln in den Rasen gesteckt.

Caddy, die Schlange von Cadboro Bay
British Columbia, Kanada, 1937
Cadboro Bays berühmtester Bewohner Caddy ist ein Seeungeheuer mit langem Hals, das seit Jahrhunderten Besucher erstaunt. Augenzeugen berichten von einem großen buckligen Tier mit Flossen, das durch die Bucht saust. 1937 meinte man Caddys Überreste im Bauch eines toten Wals gefunden zu haben. Der Fund wurde als 3 m lang beschrieben, mit Schlangenhaut und pferdeähnlichem Kopf. Später stellte sich heraus, dass es ein ungeborenes Waljunges war.

HEILIGE STÄTTEN

Es gibt einige Orte auf der Welt, die als heilig gelten oder in der Mythologie eine besondere Bedeutung haben.

Devil's Tower
Der massive Fels in der Form eines Baumstumpfes erhebt sich 365 m hoch im amerikanischen Staat Wyoming. Für viele Indianerstämme ist er ein heiliger Ort.

Osterinseln
Auf den Osterinseln, einem winzigen Fleckchen Land zwischen Tahiti und Chile, leben seit Urzeiten die Rapa Nui. Mehr als 300 gewaltige Steinstatuen, Moai genannt, sind entlang der Küste aufgestellt. Die Moai wurden etwa 1500 n. Chr. errichtet. Vielleicht verkörpern sie die Geister von Rapa-Nui-Führern oder dienen der Verständigung mit den Göttern.

Pyramide von Giseh
Die große Pyramide von Giseh (bei Kairo in Ägypten) ist das älteste und das einzige erhaltene der sieben Weltwunder. Etwa 20 Jahre dauerten die Bauarbeiten um 2500 v. Chr. Die Pyramide ist weitgehend massiv, aber es gibt einige Gänge im Inneren, die in die Grabkammer des Königs Cheops führen.

Loch Ness
Loch Ness in Schottland, die legendäre Heimat des Ungeheuers Nessie, ist der drittgrößte See Europas. Er entstand in der letzten Eiszeit.

Fujijama
Der wunderschöne Berg ist ein ruhender (zurzeit nicht aktiver) Vulkan bei Tokio in Japan. Er ist ein nationales Symbol und ein heiliger Ort. Japanische Legenden erzählen, dass sich der Berg um 300 v. Chr. aus der Ebene erhob. Geologen wissen aber, dass er viel älter ist.

Olymp
Der zerklüftete Olymp im Norden Griechenlands war der Mythologie zufolge die Heimat der Götter, wo der Thron des Zeus stand. Die Mythologie gibt zwar keine genaue Beschreibung von der Lage des heiligen Bergs, Forscher meinen aber, dass es der Olymp gewesen sein muss.

Stonehenge
Der gewaltige Steinkreis im Südwesten Englands könnte ein Tempel, ein Observatorium oder eine Grabstätte gewesen sein. Die flachen, auf Sonne, Mond und Sterne ausgerichteten Steine wurden zwischen 2500 und 1500 v. Chr. hier aufgestellt.

Uluru
Der gewaltige Steinblock, der auch als Ayers Rock bekannt ist, erhebt sich in der Wüste Zentralaustraliens. Wenn die Sonne über die Wüste zieht, scheint er seine Farbe von bläulichem Violett bis zu feurigem Orange zu verändern. Jahrtausende alte Höhlenmalereien in den Winkeln und Höhlen beweisen, dass der Fels seit Urzeiten ein Heiligtum der australischen Ureinwohner ist.

WEBSEITEN

www.mythologica.de
Lexikon der griechischen Mythologie.

www.goetter-und-mythen.de
Themen: Ägypten, Mesopotamien, die Kelten, Die 7 Weltwunder, Persien.

www.rittertum.de/home/mythen/myindex.html
Mittelalterliche Mythen und Sagen – von A wie Albion bis Z wie Zwerge.

www.fantasyseiten.de/rassen.html
Hier erfährt man, was hinter mystischen Wesen wie Bansheen, Greifen oder Harpyien steckt.

http://bestiarium.net
Drachensagen und -legenden und Drachologie: Von Lindwurm über den Basilisken bis zum Brunnendrachen.

www.drachenkosmos.de
Super Drachenseite: Mythen, Legenden und Sagen; Drachennamen, -partner, -orte und Mischwesen.

www.sagen.at
Eine riesige Sammlung internationaler Sagen und Märchen.

www.mysticnet.de
Einblick in rätselhafte Sagen und Schauplätze übernatürlicher Phänomene.

www.lonlygunmen.de/krypto/wasser/lochness/nessi.html
Nessie – ein Monster im Loch Ness?

www.g-o.de/kap4/40ac0057.htm
Hier erfährst du, welche Tiere wirklich in den Tiefen der Meere leben!

www.sagengestalten.de
Lexikon der Götter- und Sagengestalten aus Mythologien von 27 Kulturen der Erde.

http://drachenbande.de/fantasy/fabelwes.htm
Willkommen im Reich der Fabelwesen! Ob Einhorn, Kobolde oder Nymphen – hier lernst du sie alle kennen!

www.geo.de/GEOlino/tiere_pflanzen/tiere/2002_11_GEOlino_kryptozoologie_landkarte/index.html
Die Landkarte der unbekannten Tierarten: Welch wundersame Kreaturen Kryptozoologen auf der ganzen Welt entdeckt haben.

www.geo.de/GEOlino/menschen_laender/2002_10_GEOlino_werwolf/index.html
Hier erfahrt ihr die Wahrheit über Werwölfe...

www.fledermauskunde.de/fbio-dra.htm
Ausführliche Informationen zum historischen Dracula.

www.dracula-society.de
Eine Gesellschaft von Wissenschaftlern, die sich mit dem Dracula-Phänomen beschäftigen.

www.vampyrjournal.de/abc1.htm
Das Vampir-ABC – von „Abwehrmaßnahmen" bis „Xeroderma pigmentosum".

www.feen.ch/uebersicht.htm
Witzige Seite zu Feen, Heinzelmännchen, Hexen und anderen Fantasiewesen.

www.hp-fc.de
Für alle, die noch nicht genug über Harry Potter wissen ...

www.elronds-haus.de
Enthält u.a. ein Who-is-who der seltsamen Bevölkerung von Mittelerde.

www.nordische-mythologie.de
Viele spannende Infos über die nordische Mythologie.

www.weisthor.de
Diese Seite beschäftigt sich mit germanischer Geschichte, Kultur und Mythologie und sonstigem Wissenswertem über unsere Vorfahren, die Germanen.

Englische Webseiten

www.nessie.co.uk
Nessies offizielle Website.

www.draculascastle.com
Ein Spaziergang durch Graf Draculas Schloss in Transsylvanien.

REGISTER

In der Reihe Megawissen sind außerdem erschienen:
Affen • Ägypten • Berühmt & Berüchtigt • Dinosaurier • Fliegen • Geheimcodes • Das Gehirn • Große Entdecker • Haie • Indianer • Insekten • Der Mensch • Mikrokosmos • Raubtiere • Die Römer • Schwarze Löcher • Überleben • Versunkene Schiffe • Wirbelstürme

DANK

Dorling Kindersley dankt
Chris Bernstein für die Erstellung des Registers.

Weitere Fotos von:
Frank Greenaway, Dave King, Alex Wilson und Jerry Young.

Bildnachweis

Der Verlag dankt folgenden Institutionen und Personen für die freundliche Genehmigung zum Abdruck von Fotos:
(m = Mitte, u = unten, l = links, r = rechts, o = oben)

3: Ronald Grant Archive m; **4**: Corbis: Frank Lane Picture Agency ol; **5**: Ronald Grant Archive u; **7**: Corbis/Carl und Ann Purcell ur; **8**: Ronald Grant Archive; **9**: Bridgeman Art Library, London/New York; Bibliotheque Nationale, Paris, Frankreich. Archives Charmet ol; **10-11**: Corbis/Nathan Benn; **11**: Werner Forman Archive/Private Collection, London ul; **12**: Ancient Art & Architecture Collection or; **13**: Bridgeman Art Library, London/New York, Vatican Museums and Galleries, Vatikanstadt, Italien/Giraudon/Lauros u; **14**: Ronald Grant Archive u; **14-15**: Kobal Collection, Disney/Pixar o; **17**: Mary Evans Picture Library ur; **18-19**: Masterfile UK r; Ian Lloyd u; **19**: Danish National Museum or; **20**: British Museum ur; The Natural History Museum, London ol; **21**: Bridgeman Art Library, London/New York, National Gallery, London u; **22**: Corbis/Vanni Archives o; **23**: RSPCA/Adrian Warren/Wild Images u; **24**: Corbis/Bettmann ur; **25**: Corbis/Jeffrey L. Rotman ur; **26**: Corbis/Bettmann o; **27**: Bridgeman Art Library, London/New York, Bargello, Florenz, Italien; **28**: Bridgeman Art Library, London/New York, Royal Library, Kopenhagen ol; **28-9**: Corbis/Ralph White m; **29**: Fortean Picture Library/Anthony Shiels mr; **30**: Werner Forman Archive/Museum of Anthropology, University of British Columbia, Vancouver ur; **32**: Corbis/Frank Lane Picture Agency; **32-33**: N.A.S.A o; **33**: Mary Evans Picture Library/Brenda Hartill ur; **35**: N.H.P.A./Morten Strange ol; **36-37**: Corbis/Ralph A. Clevenger; **37**: Corbis/Ralph A. Clevenger m; **38**: Michael Holford/Museum of Mankind; **39**: Corbis/Jeff Vanuga u; The Art Archive/Museum für Völkerkunde Wien/Dagli Orti mr; **40**: Fortean Picture Library/Dorothy Hartley ol; **41**: Museum of Mankind u; Hamburgisches Museum für Völkerkunde m; **44**: Tony Souter background; **46**: The Natural History Museum, London; **47**: Fortean Picture Library; **48**: Corbis/Eric Crichton u; **48-49**: AKG London/Erich Lessing; **49**: Corbis/Angelo Hornak ur; **50**: The Natural History Museum, London; **51**: AKG London/Cameraphoto; **53**: The Art Archive/Amblin/Universal; **54**: Fortean Picture Library/Tony Healy ur; **54-55**: Corbis/Bruce Burkhardt; **55**: Corbis/George Lepp r; **56**: Fortean Picture Library o; **57**: Fortean Picture Library/Patterson/ Gimlin/1968 Rene Dahinden mr, u; Tony Healy ol; **58**: Corbis/Carl und Ann Purcell l; **60**: Kobal Collection/Hammer; **61**: Ronald Grant Archive ol; Science Photo Library: Matt Meadows ur; **64**: Ronald Grant Archive u; **64-65**: Corbis/Peter M. Wilson; **66**: Ronald Grant Archive; **68**: AKG London ul; **69**: Nature Picture Library/Doug Allan r; **70**: Corbis/Andrea Jemolo ol; **71**: Ronald Grant Archive/Dreamworks u; **72**: Werner Forman Archive/Provincial Museum, Victoria, British Columbia, Canada ul; **72-73**: Corbis/James Marshall M; **74**: Kobal Collection/Icon Productions m; **75**: Kobal Collection/20th Century Fox/Tursi, Mario u; **76**: Ronald Grant Archive l; **77**: Ronald Grant Archive u; 78: Ronald Grant Archive ur; **78-9**: Kobal Collection/Warner Bros; **82**: Science Photo Library/National Optical Astronomy Observatories background; **83**: Kobal Collection/Warner Bros/Mountain, Peter or; **84**: Corbis/Bettmann o; Williamson Collection u; **85**: Corbis/Adam Woolfitt; **86-7**: Ronald Grant Archive; **88-89**: The Natural History Museum, London; **90-91**: Werner Forman Archive/Museum of Anthropology, University of British Columbia, Vancouver; **92-93**: The Natural History Museum, London.